Meditação em Movimento

Paul Crompton

Meditação em Movimento

BA-GUÁ – A ARTE MARCIAL DO I CHING

Tradução
MARCELO BRANDÃO CIPOLLA

EDITORA PENSAMENTO
São Paulo

Título do original: *Walking Meditation.*

Publicado pela primeira vez na Grã-Bretanha em 1996 por Element Books Ltd., Shaftesbury, Dorset.

O primeiro número à esquerda indica a edição, ou reedição, desta obra. A primeira dezena à direita indica o ano em que esta edição, ou reedição, foi publicada.

Edição	Ano
1-2-3-4-5-6-7-8-9-10	-02-03-04-05-06-07

Direitos de tradução para a língua portuguesa
adquiridos com exclusividade pela
EDITORA PENSAMENTO-CULTRIX LTDA.
Rua Dr. Mário Vicente, 368 — 04270-000 — São Paulo, SP
Fone: 272-1399 — Fax: 272-4770
E-mail: pensamento@cultrix.com.br
http://www.pensamento-cultrix.com.br
que se reserva a propriedade literária desta tradução.

Impresso em nossas oficinas gráficas.

SUMÁRIO

Introdução: O que é meditação?

A palavra "meditação" é derivada do latim *Mederi*, o qual por sua vez está ligado às palavras *médico, modo* e *medida*. *Mederi* significa "atender", "prestar atenção", no sentido em que um médico atende um paciente. Pode significar também "refletir acerca de". O primeiro sentido, de atender ou prestar atenção, é o mais preciso no que se refere ao nosso tema, apesar de a palavra "meditação" ser usada hoje em dia para designar um grande número de técnicas diferentes, e não o ato de prestar atenção. Essa mudança de sentido se processou na esteira de uma tendência – que aliás está presente em todos nós – a olhar mais as partes do todo. Desse modo, por exemplo, o ato de repetir uma certa palavra ou um mantra é qualificado como um ato de meditação. O ato de repetir a palavra é visto como o meditação em si. Existe também, entre muitas outras, a prática de tomar consciência da respiração e (por exemplo) contar o número de inspirações e expirações. Também a isso se chama meditação.

Mas nenhuma dessas coisas, e nenhuma outra técnica, é a meditação em si mesma. Repetir uma palavra é repetir uma palavra; contar respirações é contar respirações. O importante é o ato de prestar atenção com a máxima consciência desse ato em si. Mantras, respirações, batimentos cardíacos, velas acesas – tudo se reduz a uma só coisa.

Esses métodos podem ter resultados muito semelhantes. É possível que a pessoa fique mais tranqüila, mais relaxada; podem ocorrer mudanças na circulação sangüínea, na superfície da pele e no tipo de ondas que se processam no cérebro. Mas todas essas coisas também podem acontecer sem que se recorra a nenhuma técnica: acontecem com pessoas que nunca ouviram falar de meditação e que muito menos aprenderam as técnicas que levam esse nome.

Portanto, se quisermos conhecer o significado dessa palavra, teremos de deixar de lado toda referência a uma técnica específica ou a uma série de resultados específicos. É evidente que essas coisas existem, que são ensinadas, que as pessoas falam a respeito; é evidente também que os resultados são benéficos e, às vezes, até terapêuticos – a questão não é essa. É enorme o número de pessoas pelo mundo que lucraram com a prática da "meditação".

Mas, para deixar tudo isso claro, vamos pensar em algo mais fácil de compreender – a respiração. Todos respiram. Em um certo sentido, a respiração é uma técnica natural de vivificação, se é que não é absurdo falar nesses termos. Todos ficam muito contentes com os resultados da respiração – afinal, todos continuam vivos! E podem, assim, continuar fazendo o que sempre fizeram. Mas o ato de respirar não é idêntico aos seus resultados.

O que acontece com todas as pessoas que "meditam" é que, pondo em prática uma nova técnica, elas são obrigadas, em maior ou menor grau, a prestar atenção. A maior dificuldade que temos para compreender isso e atribuir-lhe o valor que merece é o fato de "prestar atenção" ser uma expressão muito comum e muito desgastada, cujo significado exato é "conhecido" por todos. E as coisas que nos parecem naturais quase nunca são reconhecidas! A experiência nos mostra, porém, que prestar atenção é uma tarefa dificílima. Como diz o poeta: "O bem que temos conosco não nos é caro."

A maioria das pessoas é capaz de prestar atenção em algo que lhes interessa, mas é exíguo o número das que conseguem fazê-lo com algo que as aborrece ou está completamente fora do seu campo de interesses. A atenção que prestamos a todas essas outras coisas é fraca e pouco desenvolvida.

Aplicando todos esses pensamentos ao nosso tema, que é o Ba-guá, também chamado de Meditação Andando, podemos nos perguntar qual é o nosso campo de interesses. Antes de mais nada, esse campo é o dos movimentos corporais e das sensações que acompanham esses movimentos. Esse espectro das sensações e movimentos, por assim dizer, é aquilo em que procuramos concentrar especificamente a nossa atenção, pois o Ba-guá é uma das artes marciais que se voltam para o interior. O aspecto principal é a atenção; o secundário é aquilo em que prestamos atenção, o nosso próprio "psicossoma". A opção pelo psicossoma (o corpo e a mente) é uma opção excelente, pois o objeto faz parte de nós. Além disso, a concentração se realiza à luz de certos princípios que se expressam na filosofia do Yin-Yang e nos trigramas do importantíssimo *I Ching*, ou *Livro das Mutações.*

Portanto, no decorrer de todo esse livro, quando dissermos "meditação", estaremos nos referindo ao ato de a pessoa prestar atenção em si mesma. A pergunta que todos precisamos fazer, sem ter a esperança de obter uma resposta, é a seguinte: o que significa isso? É mais fácil dizer o que isso não é. Não é pensar em si mesmo, não é sentir algo a respeito de si mesmo, não é imaginar nem visualizar algo a respeito de si mesmo. Assemelha-se mais a ouvir uma obra musical estupenda com um sentimento de máxima tranqüilidade, e depois concentrar-se em "ouvir" o próprio corpo e os próprios movimentos da mesma maneira. Você pode até fazer isso para compreender mais claramente o que quero dizer.

Quando, no decorrer do texto, nos referimos à "meditação", é a isso que estaremos nos referindo. Prestar atenção é fundamental. Nem o Ba-guá, nem nenhuma outra disciplina de arte marcial, pode passar sem isso. Prestar atenção é o princípio, o meio e o fim da prática.

No Ba-guá, nós prestamos atenção aos movimentos, aos movimentos novos, e assim descobrimos coisas novas e novas possibilidades em nós mesmos. A concentração de atenção nos movimentos, associada ao relaxamento, tem como resultado uma nova espécie de calma, um sentimento de segurança e confiança e uma sensação de harmonia. Embora os resultados da meditação possam, por assim dizer, ser obtidos "acidentalmente" por qualquer pessoa, o ponto forte da meditação é que ela é feita exatamente em vista da produção desses resultados. Nada aí é acidental.

Certas pessoas se entregam à meditação para ter experiências estranhas. Na minha opinião o melhor é não buscar essas coisas. As experiências estranhas só servem para complicar a vida – que já é complicada o suficiente. O resultado que se deve esperar da meditação é uma simplicidade maior. A meditação deve nos levar a sentimentos mais humanos. Não sei defini-la, mas todos somos capazes de reconhecer essa experiência quando ela acontece.

CAPÍTULO 1

BA-GUÁ: MEDITAÇÃO NO CAMINHAR

Existem centenas de artes e caminhos marciais na China, todos diferentes uns dos outros. Uma das grandes distinções que se faz entre eles se refere à quantidade de esforço muscular exigida. Outra distinção depende da ênfase que dá à consciência do corpo – isto é, à atenção que se presta aos movimentos. O Tai Chi Chuan, por exemplo, costuma ser chamado de "meditação em movimento", nome que implica um máximo de concentração da atenção nos movimentos e um grau de relaxamento que não encontramos em muitas outras artes marciais chinesas. Estas, depois de um certo tempo, passam a englobar uma espécie de supervisão do fluxo do *chi* (energia vital). O *Yin* é suave, feminino, e o *Yang* é duro, masculino. Usando essa classificação, podemos dizer que as artes abarcam desde as mais Yang até as mais Yin, lembrando-nos ao mesmo tempo que não há nada de puramente Yang nem nada de puramente Yin.

As artes mais Yin, mais introvertidas, costumam ser chamadas de "internas", e as mais Yang, de "externas". Essas expressões resumem e simplificam ao máximo um tema que na verdade é muito complexo – complexo, em parte, devido às dificuldades (e aos ocasionais erros) de tradução, e também à problemática inerente à aplicação de um conceito tão amplo ao fluxo de vida. O Tai Chi, Ba-guá e o Hsing-I são freqüentemente chamados de "as três artes internas", mas existem outras, como o Pa-Chi (os Oito Princípios Supremos). Aquelas três são simplesmente as mais conhecidas. O Tai Chi é a mais suave, o Ba-guá é um pouco mais dura e o Hsing-I é considerado em geral a mais dura das três. Mas o Tai Chi às vezes é muito Yang, como no seu estilo Chen, e o Ba-guá pode ser praticado pondo-se uma ênfase no Yin. No geral, é essa prática que dá ênfase ao Yin que será apresentada neste livro, porque é mais fácil associar a suavidade dos movimentos à introversão da atenção; daí o uso do termo Meditação Andando.

O termo Ba-guá se traduz por "Oito Diagramas (ou Trigramas)": Ba – "oito", Guá – "diagrama"; na transliteração mais em uso hoje em dia, a palavra se escreve Ba-guá. Os trigramas a que se faz alusão são os do *I Ching* (ver página 124). O Ba-guá também é conhecido como a Arte de Andar no Círculo, pois se caracteriza especialmente pela prática de andar em círculo usando-se um movimento especial dos pés. O Ba-guá pode, ainda, ser chamado de Arte das Oito Mudanças das Palmas, que correspondem aos oito trigramas, pois o estudo das mudanças do movimento é um dos aspectos mais importantes, e as palmas abertas, em diversas configurações, predominam sobre o uso do punho fechado. Do ponto de vista material, certos praticantes afirmam que a palma é mais perigosa que o punho.

Embora a prática e o estudo do Tai Chi tenham se disseminado largamente no mundo ocidental durante os últimos dez anos, o Ba-guá não adquiriu tanta popularidade. Isso se deve à escassez de professores dispostos a ensinar e, também, não podemos esquecer, a uma certa falta de promoção, patente no pequeníssimo número de livros sobre o assunto que já foram publicados em inglês. Mas, à medida que mais pessoas vão se interessando pela arte, e à medida que vão aparecendo mais professores orientais e ocidentais, o problema vai sendo remediado, e o pequeno movimento inicial de interesse já está se transformando numa onda de grandes proporções.

Muito aficcionados do Tai Chi não se sentem atraídos – e sentem inclusive uma certa repulsa – pela palavra *marcial* e as coisas que lhe são associadas. Mas, no que refere às artes marciais chinesas, isso revela um alto grau de incompreensão. As artes marciais são uma disciplina, e até mesmo um modo de vida, que é reforçada por idéias, conceitos, filosofias e preceitos morais cujas raízes estão nas doutrinas de Lao-tsé, Buda e Confúcio. Incorporam, além disso, teorias e conhecimentos práticos da medicina chinesa clássica.

À medida que o interesse pelo Ba-guá for se ampliando, as pessoas verão que ele se equipara ao Tai Chi quanto à diversidade, ao conteúdo filosófico, à promoção da saúde e às aplicações marciais. Os professores de dança, de esportes e de ginástica e os terapeutas que fazem uso do movimento, sem falar em outros especialistas correlatos, hão de verificar que o conhecimento do Ba-guá é extremamente útil, à medida que os métodos de movimento propostos por essa arte são provavelmente únicos e, sem dúvida, muito interessantes. Martha Graham, famosa professora, dançarina e coreógrafa, afirmou que queria mostrar o que o corpo humano é capaz de fazer, e disse que os dançarinos são os "acrobatas de Deus". Asseverou também que o seu estilo de dança só permitia uma espécie de liberdade, a "liberdade da disciplina". Mas ao mesmo tempo, na qualidade de pioneira da dança moderna, foi inspirada no decorrer de toda a sua carreira - de 1926 a 1990 - pelo tema da mudança. Essa abordagem é característica dos maiores mestres de Ba-guá. Eles exploraram e ampliaram os movimentos fundamentais de sua arte desde os primeiros tempos.

A exploração também é uma característica do treinamento do Ba-guá, no qual os alunos aprendem uma determinada seqüência de movimentos que serve de fundamento e depois são instigados a investigar as possibilidades que estão contidas em germe nessa seqüência. Um dos mestres que tive, Ji Jian Cheng, costumava me dizer que o Ba-guá é uma forma de estilo livre. Isso se coaduna com certos aspectos do *I Ching, O Livro das Mutações**, o qual, como veremos, teve papel determinante na formação do Ba-guá. Os trigramas do *I Ching* têm certas interpretações consagradas, mas o estudante também precisa aprender a sua própria interpretação. Do mesmo modo, embora haja certas formas estabelecidas de movimento no Ba-guá, elas deixam abertas muitas possibilidades de interpretação e variação individual.

Essas variações dependem de algo que podemos chamar de "inteligência do movimento" - expressão que inventei para designar uma

* Publicado pela Editora Pensamento, São Paulo, 1983.

certa sensibilidade observadora e alerta que é derivada de uma parte específica do sistema nervoso. Seu equivalente psicológico se resume no adágio "As regras existem para serem observadas pelos tolos e para orientar os sábios". Se o Ba-guá é de fato uma arte de estilo livre, as regras de fato existem para orientar os estudantes. Todo desvio em relação a um conjunto determinado de movimentos é válido, desde que atinja os mesmos fins que o conjunto original. A "inteligência do movimento" às vezes é capaz de perceber isso e fazer as modificações necessárias. Evidentemente, isso não é o mesmo que fazer uma modificação por ignorância ou acrescentar floreios a um movimento só por motivo de exibição. Digamos, por exemplo, que uma seqüência de movimentos tenha sido criada por um mestre de constituição pequena, magra e nervosa, que têm por sua vez um aluno alto, gordo, e pesado: este último não será capaz de realizar a seqüência de mesmo jeito que o professor. Em vez de debater-se para realizar o impossível, ele deve usar a inteligência do movimento para adaptar ao seu próprio físico aquilo que aprendeu. Ninguém pode ficar contente com um desempenho desleixado, fruto da preguiça física e mental.

Mas estamos nos adiantando demais. O fato é que o Ba-guá tem formas determinadas para a cabeça, os braços, o tronco e as pernas, e que a primeira coisa a fazer é aprender essas formas. O *I Ching* tem também os seus oito trigramas e 64 hexagramas, cada qual com sua interpretação consagrada, e essas coisas devem ser estudadas obrigatoriamente pelo aluno que pretende conjugar a esse livro importantíssimo o seu treinamento de Ba-guá. Antes que se possa pensar em improvisar, as articulações e os músculos têm de acostumar-se com as novas maneiras de trabalhar. Primeiro o trabalho, depois a diversão.

Certos aspectos do reino animal também contribuíam para o desenvolvimento do Ba-guá, veiculando a este o espírito e as qualidades de movimentos que certos animais manifestam. Quando aprendem a movimentar-se como uma cobra, os alunos aprendem algo de totalmente novo a respeito de si próprios. Do mesmo modo, os movimentos dos sete outros animais impõem novos desafios psicológicos. O trabalho consiste em se ver na pele de cada animal – e fora da própria pele, por assim dizer.

Diversos especialistas em artes marciais chinesas já elogiaram o Ba-guá por ser ele um meio para melhorar a prática e a compreensão do Tai Chi. É visto, em particular, como um excelente método de "treinamento do quadril". O Ba-guá exige um estudo detido dos giros e volteios, estudo esse que pode ajudar os aficcionados do Tai Chi a praticar melhor esses movimentos em sua própria arte. À semelhança do Tai Chi, a arte marcial do Ba-guá pode ser praticada num espírito de tranqüilidade; todas as ressonâncias belicosas da palavra *marcial* são meramente acidentais. Quando o mesmo Ji Jian Cheng estava me ensinando os rudimentos do Hsing-I, eu lhe disse que essa arte era pesada demais para mim, que já tinha mais de 50 anos. Ele respondeu: "Pratique-a como você pratica o Tai Chi." – Foi isso o que eu fiz; e sempre que me parecia possível, eu inseria um movimento mais forte. O Ba-guá pode ser praticado em velocidade lenta ou moderada; pode-se saborear o novo tipo de movimento, traçar ligações entre ele, o *I Ching* e os animais, sem sequer pensar em acertar um adversário no fígado!

Muitos estudam o Tai Chi visando à saúde e à tranqüilidade. Essa arte pode produzir um fluxo energético mais contínuo, uma respiração mais suave e até mesmo uma ação ritmada. O Ba-guá se concentra na *mudança*. Ambas as artes exigem que o praticante "deixe o corpo se movimentar". Joan Dexter Blackmer, aluna da dança da companhia de Martha Graham e formada pelo instituto C. G. Jung de Zurique, escreveu um livro instigante chamado *Acrobats of the Gods* [Acrobatas dos Deuses]. Ela afirmou:

> No espaço, a dança se organiza mediante o uso de inumeráveis combinações de elementos geométricos básicos. Linhas retas, ângulos, diagonais, triângulos, quadrados, cruzes, círculos, espirais... esses padrões conhecidos da psique constituem a estrutura espacial da imagem dançada.

O caráter mais interessante dessa citação é a idéia de que os padrões geométricos, espaciais, são formas exteriorizadas de algo que está na psique humana. Pensemos, de passagem, em expressões cotidianas como "Meus pensamentos estavam andando em círculo", "Eu me senti contra a parede", "Ver as coisas por um certo ângulo", "Procurei contornar a situação", e assim por diante. Elas nos mostram uma semelhança entre o que se passa no mundo do espaço e do tempo e as coisas que acontecem no cérebro, nas emoções, na psique. Seguindo com o corpo essas diversas formas, submetemos o corpo à *mudança*. No início, como dissemos, essas mudanças têm de ser aprendidas, talvez com dificuldades, sem inspiração, mesmo um pouco a contragosto. Mas, uma vez conhecidos os movimentos, as mudanças perdem o caráter inicial de desafio e nós começamos a penetrar nelas, penetrar em nós, e sentir os efeitos que as mudanças físicas têm sobre a própria psique. Percebemos que as duas coisas estão intimamente ligadas – que existe uma continuidade entre o corpo e a psique.

Todas essas coisas podem ser postas à prova agora mesmo. Descreva um círculo no ar com a palma da mão aberta, movimentando-a lentamente e com suavidade e constância. A concentração mental, associada à ação circular, induz uma sensação de calma. Em contraposição, movimentar a mão formando desenhos disformes, aleatórios e de pontas agudas, em movimentos rápidos, produz uma sensação de agitação.

Se você abraçar o Ba-guá e o aprender corretamente, há de descobrir não apenas movimentos novos, agradáveis e estimulantes, mas também novas sutilezas de sentimentos e conhecimento que correspondem aos movimentos ou são evocadas por eles.

CAPÍTULO 2

HISTÓRIA E MISTÉRIO

O Ba-guá não conseguiu escapar ao clima quase universal de mistério que envolve as origens das artes marciais chinesas. Uma das razões desse mistério é a atitude que os chineses têm em relação aos ancestrais, associada a um respeito profundo pelos antigos, por tudo o que pertence ao passado. Em conseqüência, toda vez que se fala sobre a data de origem de uma arte marcial – ou mesmo toda vez que se faz referência temporal aos registros históricos –, acrescenta-se inevitavelmente que, segundo alguns, é provável que a origem tenha sido muito mais antiga e que o *verdadeiro* fundador da arte tenha sido um santo budista, taoísta ou confucionista, um general renomado ou um sábio famoso. Tendo um personagem tão elevado por fundador, a arte em si deve ser igualmente elevada e muito mais digna de respeito do que uma arte criada por um simples sapateiro, um soldado de infantaria ou um erudito desconhecido e esfomeado.

Muitos adeptos das escolas de Kung Fu ligadas ao templo de Shaolin atribuem a fundação de suas artes ao sábio budista Bodhidharma. Os adeptos do Tai Chi atribuem a mesma honra ao imortal taoísta Chang San Feng. O fato de que os estudiosos duvidam da própria existência desses personagens, e de que não há documentos conclusivos que datem da própria época de origem, é totalmente desconsiderado pela maioria dos que se dedicam às artes marciais.

Não obstante, os estudiosos da história do Ba-guá têm sido excepcionalmente persistentes na busca pela verdade. Certos pontos foram objetos de um acordo universal: 1) O Ba-guá deriva, pelo menos em parte, da corrente taoísta da cultura chinesa; 2) O Ba-guá está ligado ao *I Ching, O Livro das Mutações*; e 3) O Ba-guá contém a doutrina e a filosofia do Yin-Yang.

Muitos estudiosos acham que o fundador do Ba-guá foi Tung Hai Ch'uan, nascido em 1797. A história da vida de Tung é toda documentada e, de acordo com o professor K'ang Ko-Wu, historiador de Pequim, esse fato por si só dá credibilidade à idéia de ter sido ele o fundador. Preparando uma tese sobre as origens do Ba-guá, K'ang examinou quase novecentos documentos diferentes, falou com mais de quatrocentos mestres de toda a China e entrevistou formalmente mais de 250 pessoas. Como era de se esperar, K'ang encontrou discrepâncias entre as afirmações das pessoas que entrevistou, especialmente no que diz respeito à idéia de que Tung não inventou o Ba-guá sozinho, mas baseou-o em outra arte marcial, o Yin Yang Pa P'a Chang, a qual teria aprendido de Tung Meng-Lin. K'ang concluiu que essa idéia não tem fundamento na realidade. (Os raciocínios que usou para chegar a essa conclusão são complicados e encontrariam melhor acolhida num tribunal do que neste livro, mas eles patenteiam a firmeza de K'ang e a importância que os chineses em geral atribuem à linhagem). Minha própria experiência no mundo das artes marciais me diz que a primeira coisa que um discípulo ou mestre chinês vai lhe perguntar é: "Quem foi seu mestre?" Se você responder e ele não tiver jamais ouvido falar da pessoa em questão, perguntará: "E quem foi o mestre dele?" E assim por diante. Se o inquiridor ficar pessoalmente satisfeito com a sua linhagem de mestres, você terá alguma chance de ser levado a sério; se não, provavelmente será tratado com cortesia, e só!

Um outra teoria foi também posta a nocaute pelas investigações de K'ang. Trata-se da idéia de que o Ba-guá é derivado do Pa Fang Pu, ou Passo das Oito Direções. K'ang concluiu que os métodos básicos de treinamento do Pa Fang Pu não são os mesmos do Ba-guá, e viu nisso uma razão suficiente para desconsiderar a teoria. Alguns estudiosos não concordam com essa conclusão. É claro que boa parte dessas discussões se baseia em certos pressupostos. Por exemplo, é razoável pressupor que, se o treinamento básico de uma arte não é idêntico ao de uma arte posterior, esta não pode ter sido derivada da primeira – mas isso não nos impede de aceitar a possibilidade de que, quando se mudaram os princípios fundamentais, o treinamento básico tenha mudado por conseqüência. Por outro lado, se tanto os princípios fundamentais quanto o treinamento básico foram modificados, por que buscar aí um vínculo, para não dizer uma semelhança? Para ser capaz de compreender as coisas que se dizem a esse respeito, é preciso estar "dentro" da coisa em certa medida – isto é, é preciso ter estudado as artes marciais e ter passado pela rotina de procurar chegar ao fundo de certas questões. É assim que se adquire "faro" para as questões de artes marciais, como para qualquer outro assunto.

Outra teoria diz que Tung Hai Ch'uan aprendeu o Ba-guá com um taoísta num local distante, perdido em meio às montanhas; o nome do taoísta seria Pi Ch'eng-Hsia. Ora, o "taoísta perdido nas montanhas" é uma figura que aparece muitas vezes e é aceita sem críticas nem restrições por causa do sabor de História e mistério que confere aos relatos. Também essa idéia foi desconsiderada por K'ang. Este chegou, portanto, à conclusão de que o próprio Tung criou o Ba-guá. É claro que nem todos concordam com ele, mas mesmo os que discordam baseiam a maior parte de seus raciocínios nas pesquisas que ele fez. Não conheço mais ninguém que tenha investigado este tema de forma tão completa. Antes do trabalho de K'ang, as informações estavam dispersas pela China e não havia ninguém, dentre as figuras mais conhecidas, que tivesse condições de emitir um juízo baseado em dados tão extensos e profundos.

Surge então a questão: em que baseou Tung sua nova arte marcial? Os relatos nos dizem que Tung já havia aprendido outras artes marciais e estudado com monges taoístas cujos exercícios de meditação consistiam, em parte, num método de se movimentar e caminhar em círculos e segmentos de círculos. O gênio de Tung estava em combinar todos esses fragmentos num todo coerente. Essa afirmação é plausível e historicamente justificável para uma pessoa que se dedica às artes marciais. Yin Fu, um dos discípulos mais importantes de Tung, já havia se aprofundado no Lohan Ch'-uan antes de voltar-se para o Ba-guá, e depois incorporou ao seu Ba-guá as técnicas do Lohan. O fundador do Aikidô, Morihei Ueshiba, bebeu em diversas fontes. Jigoro Kano, que criou o judô na primeira metade do século XX, fez a mesma coisa. Bruce Lee explorou muitas artes e chegou ao seu famoso Jit Kune Dô. Certas artes coreanas, como o Hapkidô e o Taekwondô, são amálgamas de métodos anteriores. Portanto, não faltam exemplos de homens que estudaram muito, estudaram uma ampla variedade de coisas, e criaram ou algo novo ou algo que, sublinhando de maneira formidável um certo aspecto do que já existia, mereceu o direito de ser chamado "novo".

Quando Tung começou a ensinar, desencadeou inevitavelmente um processo de distanciamento em relação à sua arte original. Um de seus primeiros alunos foi Cheng T'ing Hua e outro foi Ma Wei-Chih. Estes por sua vez foram mestres de outros e, no decorrer do tempo, os discípulos de primeira e segunda geração imprimiram sobre o Ba-guá os seus selos individuais, dando origem a diversos estilos. Trata-se aí de uma característica comum das artes marciais chinesas e japonesas. No Aikidô, por exemplo, arte marcial japonesa amplamente divulgada, cada um dos discípulos do fundador – como Saito, Tohei, Tomiki e Shioda – deu ao Aikidô uma ênfase ou um estilo pessoal. Tohei se interessava mais pelo estudo do *ki* (ou *chi*, "poder"), ao passo que Tomiki, influenciado talvez, pelo seu passado de judoca, deu ao Aikidô um cunho mais esportivo e educacional.

À medida que o Ba-guá foi se espalhando pelo país e passando de geração em geração, a diversidade aumentou. Sun Lu Tang, exímio também no Tai Chi e no Hsing-I, introduziu no Ba-guá certos movimentos deste último. Sua seqüência de movimentos que leva o título de Dragão Nadando – e que eu mesmo estudei com Ji Jian Cheng – contém diversas técnicas de Hsing-I fundidas às técnicas de Ba-guá. O Ba-guá também "emigrou" para a Coréia na pessoa de Lu Shui-Tian. A partir de meados dos anos 60, vários estudantes europeus e norte-americanos viajaram para a China, Hong Kong e Taiwan para estudar com mestres contemporâneos. Entre eles estavam pessoas como Jerry Alan Johnson, Joseph Crandall, Vince Black, Dan Miller e Bruce Frantzis.

Atualmente, portanto, é possível encontrar diversos estilos de Baguá tanto na Europa quanto nos Estados Unidos. Os mestres chineses dos diversos estilos se comunicam muito entre si e o Comitê Atlético Chinês, órgão do governo, promove sua própria versão da arte como parte de um conjunto de artes marciais oficialmente aceitas. Todas essas versões, por sua vez, sofrem modificações. A última versão dessa forma que eu vi de perto assemelha-se muito ao estilo Fu Antigo de Ba-guá, criado por Fu Chen Sung, discípulo de Cheng T'ing Hua e Chia Ting Te.

A experiência me diz que os métodos mais exigentes de treinamento usados pelos mestres do século passado e do começo deste são encarados sobretudo como curiosidades: poucos são os instrutores modernos que os empregam. Tais métodos são freqüentemente citados para mostrar o quanto os mestres de antigamente amavam a disciplina e quanto os discípulos de hoje "amoleceram" em comparação com seus predecessores. Por exemplo, quantos estudantes modernos estariam dispostos a estudar uma postura, uma única posição, por um ano inteiro antes de passar para outra? Sabe-se que Sun Lu Tang e, depois dele, Chang Chun Feng foram submetidos a essa prolongada disciplina como parte de seus treinos. E não foram os únicos. Ficar de pé ou sentado numa única posição é uma característica tanto do treinamento das artes marciais chinesas quanto do Chi Kung (cultivo da energia interna).

Outra característica do treinamento – tanto no passado quanto hoje em dia – é o hábito de acordar muito cedo, às quatro da manhã, por exemplo, para treinar. E quando o treino acaba ele é seguido pelo trabalho normal do dia!

Uma terceira característica de todas as artes marciais e do Chi Kung era, e em certa medida ainda é, o segredo. Chang Chun Feng não revelou certos aspectos do seu Chi Kung sequer à própria esposa... embora depois tenha cedido e ensinado a ela. Eis alguns motivos para a preservação da natureza esotérica do treinamento das artes marciais:

- impedir que um concorrente ou um inimigo conheça os seus métodos;
- conservar tudo "dentro da família" para impedir que as pessoas de mau caráter se tornem hábeis;
- conservar o respeito pela própria arte;
- dar plena supervisão aos discípulos para que cada qual progrida num ritmo adequado e não faça nada que possa lhe machucar.

Evidentemente, é impossível saber até quando ia esse segredo, mas um dos meus mestres me disse que, numa festa familiar, estava conversando com o seu cunhado, que conhecia havia anos, e que o seu cunhado ficou estarrecido ao saber que ele, meu mestre, era especialista em artes marciais.

O Ba-guá, como as outras artes, foi estudado sobretudo por pessoas analfabetas: o número de eruditos que estudaram é relativamente pequeno. O povo chinês, ao longo dos séculos, sempre desprezou os artistas marciais: se alguém descobria que um adepto das artes marciais era também um homem instruído, ficava surpreso. Sun Lu Tang foi o primeiro que levou as artes marciais ao conhecimento do público em sua época, escrevendo uma série de livros resultantes de uma cuidadosa pesquisa e de uma apresentação meticulosa. Quando ouviu dizer que Sun era versado nos clássicos, um erudito recusou-se a acreditar; foi só quando viu a caligrafia de Sun que admitiu o seu engano. Sun era famoso pelos seus estudos do *I Ching* e pelo esforço que fez para relacioná-lo com as artes marciais em geral e com o Ba-guá em particular.

Chiang Jung Ch'iao foi outro mestre de artes marciais e erudito famoso cuja arte predileta era o Mi Tsung Ch'uan. Com característica paciência e meticulosidade, ele pesquisou a história dessa arte e tornou-se um inovador à medida que revivificou certos aspectos dela que, em grande parte, tinham sido perdidos. Na época, que foi a primeira metade do século XX, o governo chinês estava se esforçando para elevar o moral do povo e melhorar a saúde geral da nação. Chiang fez grandes esforços em prol desse movimento e fundou organizações voltadas à promoção da saúde, da boa forma e da habilidade marcial; ao mesmo tempo, escreveu e publicou sobre todos esses temas. Quando descobriu o Ba-guá, começou a estudá-lo, dedicando-se a ele tão ardorosamente quanto havia se dedicado ao Mi Tsung Ch'uan. Faleceu em 1974, deixando como legado um sistema mais completo que vem sendo conservado desde então por seus alunos. Seu discípulo mais notável foi Sha Kuo Cheng, que morreu no início da década de 90.

Como a maioria dos artistas marciais não era instruída, a sabedoria das artes sempre foi preservada com o estudo cuidadoso dos movimentos e com as experiências e impressões que resultavam desse estudo. Os mestres não tinham meios para escrever, analisar e codificar seus métodos. Yang Jwing-Ming, insigne professor e artista marcial, observou várias vezes que essa falta de instrução determinava que os métodos para o cultivo do *chi* (força vital) só fossem transmitidos de forma aproximativa, pois os discípulos não conheciam detalhadamente os canais corretos de *chi* e os pontos de acupuntura. O uso de aproximações anatômicas grosseiras foi determinado também, pelo menos em parte, pelo fato de que muitos alunos só treinavam para saber lutar, experimentando e aperfeiçoando técnicas boas o suficiente para derrotar um adversário em combate. Mas ao longo da história das artes marciais corre também um outro fio que as liga com as teorias e métodos do Taoísmo ou do Budismo e, às vezes, com as doutrinas xamânicas da Mongólia e com a vida rural que é um dado tão presente na realidade chinesa. Toda comunidade rural possuía elementos de conhecimento apreendidos diretamente do contato diário com a terra e transmitidos de geração em geração desde a noite dos tempos. Portanto, as artes marciais chinesas são uma estranha mistura de refinada sensibilidade e extrema violência: mãos de veludo em luvas de ferro e mãos de ferro em luvas de pelica. Há também nelas uma consciência instintiva e intelectual do nosso planeta – como no Feng Shui ou na geomancia – associada a um talento insuperável para a guerra e a política. No conjunto, um mundo admirável.

Muitos artistas marciais, do Ba-guá inclusive, vieram do meio rural. A vida então era dura a um tal ponto que a maioria dos ocidentais modernos não conseguiria sequer imaginá-la. Acontecia muitas vezes, por exemplo, de um aluno ter de abandonar a sua comunidade porque o povo estava morrendo por falta de alimento; ou de um aluno ter de trabalhar em troca de comida e abrigo, não de dinheiro. Assim eram as coisas. Chang Chao Tung foi um jovem que, nascido em 1859, passou por tudo isso. Foi do campo para a cidade e passou a ganhar a vida fazendo demonstrações de artes marciais na rua. Suas primeiras experiências de vida haviam criado um profundo ressentimento contra todos os que faziam valer os seus interesses pela força, os criminosos inclusive, e ele tomou a peito a tarefa de acabar com as pretensões dessas pessoas. Suas atividades nesse sentido chamaram a atenção das autoridades, que lhe deram o cargo de oficial de prisão.

Embora agora sejam proibidas por lei, as lutas por dinheiro, prêmios e prestígio eram comuns naquela época. Um discípulo ou mestre dos estilos de arte marcial desafiava um discípulo ou mestre de outro estilo; o combate se realizava em público. Às vezes o desafio terminava com a morte de um dos participantes. Várias histórias contam de como lutadores, halterofilistas e artistas marciais japoneses, alemães e russos desafiaram chineses – e nem é preciso dizer que, se um chinês derrotasse um estrangeiro, sua reputação decuplicava. Esse tema, com suas variações, é um dos motivos centrais dos filmes de artes marciais, os de Bruce Lee inclusive.

Existem também muitas histórias acerca dos poderes miraculosos dos praticantes de Ba-guá, especialmente no que diz respeito à agilidade deles, que pode ser adquirida. A capacidade de dar pulos de vários metros de altura, de andar em círculo com tanta rapidez que os pés mal tocam o chão, de subir pelas paredes e até de andar de cabeça para baixo no teto – todas essas coisas constam dos anais das artes marciais. Essas histórias são negadas até pelos parentes vivos dos antigos mestres, e inclusive pela filha de Sun Lu Tang, que foi entrevistada pelo jornalista norte-americano Dan Miller em 1993, em Pequim. De certo modo, pouco importa se as histórias são verdadeiras ou não; elas dão vida à arte e sublinham-lhe as características e o sentido geral.

Mas há duas histórias indubitavelmente autênticas a respeito de Sun Lu Tang. Certa vez, ele estava numa sala cheia de alunos. Quando lhe pediram que demonstrasse sua habilidade, ele desafiou todos a encostar nele. Apesar de a sala estar abarrotada, nenhum dos presentes conseguiu encostar-lhe sequer um dedo. A outra história tem por objeto um exercício que o leitor pode até tentar fazer. Sun ficava de pé com a parte de fora do pé encostada numa parede e com o ombro e o braço do mesmo lado do corpo encostados na mesma parede – de modo que, por exemplo, seu ombro e braço direitos e o lado de fora do pé direito permanecessem em contato com a parede. Então, levantava o joelho esquerdo até a altura da cintura e permanecia encostado na parede sem cair para a esquerda. Você é capaz de fazer isso? Quando lhe perguntaram como ele o fazia, respondeu que tinha controle absoluto sobre a posição do centro de gravidade do seu corpo.

O Hsing-I, ou Boxe do Corpo e da Mente, é a arte marcial que mais costuma ser associada ao Ba-guá. Vários mestres de Ba-guá e Hsing-I chegaram a duelar, por assim dizer, no decorrer de suas carreiras, e o resultado desses encontros foi, em geral, uma grande admiração e um grande respeito de uns pelos outros. Algumas das seqüências de movimento fundamentais (Formas) do Ba-guá incorporaram evidentemente certas técnicas do Hsing-I. Alguns mestres do Hsing-I também tinham o costume de formar os alunos em sua arte e depois mandá-los estudar com um mestre de Ba-guá para refinar os movimentos e adquirir a leveza e a velocidade técnica-irmã.

Este livro, que procura traçar a relação entre o Ba-guá – enquanto Meditação Andando – e uma consciência maior do corpo em movimento, não dá ênfase ao poder extraordinário que certos praticantes chegam a desenvolver. Esse poder reside potencialmente nas ações giratórias do corpo. Mas o melhor é deixar o desenvolvimento do poder a cargo da prática em sala com o acompanhamento de um mestre experiente. Aliás, diga-se de passagem que, se o Ba-guá seguir a tendência da maior parte das academias de Tai Chi, em poucos anos já teremos centenas de "mestres" no Ocidente. Consta que, em 1995, uma associação de Tai Chi dava aos alunos um curso de seis semanas e depois declarava-os aptos a dar aula. Sem dúvida, a aptidão desses alunos era extraordinária.

Portanto, se você for procurar um mestre de Ba-guá, tente saber algo acerca da sua linhagem de mestres – isto é, com quem ele estudou e por quanto tempo o fez. Se o seu possível mestre tiver tido contato com outras artes marciais, descubra também algo a respeito disso. A experiência me diz que o nosso primeiro mestre imprime em nós uma marca forte, talvez indelével, que cria hábitos de movimentos corretos ou incorretos que são muito difíceis de mudar ou eliminar. Se você trabalhar com um mestre a quem admire e com quem possa desenvolver um forte relacionamento de confiança, porém, mesmo esses maus hábitos do começo poderão ser eliminados. Outro ponto que convém sublinhar é o seguinte: ao entrar na sala de treino, leve consigo o seu bom senso. Nunca discuta abertamente com um *sifu* (mestre) chinês, pois você o estará envergonhando. Pense por si mesmo nas coisas, experimente-as na prática e depois faça perguntas educadas.

Como perceberam os meus alunos, o modo pelo qual pratico as artes marciais mudou no decorrer dos anos. Isso aconteceu em virtude de duas coisas: de eu ter visto mestres melhores do que os primeiros mestres que tive e de ter feito as minhas próprias pesquisas. Essas pesquisas consistiram, sob um aspecto, em prestar atenção àquilo que, no começo do livro, chamei de "inteligência do movimento". Ouvindo cuidadosamente o que o seu corpo tem a dizer, você pode aprender algo sobre o modo pelo qual está se movimentando. Baseado nessa prática, aos poucos fui mudando o meu jeito de fazer certos movimentos. Algum tempo depois, quando vi Ji Jian Cheng praticando, descobri que alguns dos movimentos que ele fazia correspondiam às mudanças que eu havia feito por minha própria iniciativa. Senti-me muito satisfeito. É possível que a mesma coisa aconteça com você.

CAPÍTULO 3

Os benefícios da prática do Ba-guá

Embora o Ba-guá seja uma arte chinesa e seus benefícios possam ser enumerados segundo a terminologia da Medicina Chinesa Tradicional (MTC), vou discuti-los neste capítulo usando a terminologia ocidental. Os famosos taoísta Yin Shih Tzu, que estudou a meditação e escreveu a esse respeito durante toda a sua vida, desistiu de usar a terminologia chinesa aos 31 anos de idade. Em 1954, aos 82 anos de idade, escreveu que preferia "usar a terminologia e os métodos de análise da ciência para descrever a teoria da meditação" (*Tranquil Sitting*, Dragon Door, 1995). Na minha opinião, é um erro querer misturar as duas terminologias, pois as idéias e conceitos que estão por trás de cada uma são diferentes. O conceito de *chi* (*qi*), por exemplo, foi equiparado ao de "energia bioelétrica". Isso é vago demais. A energia bioelétrica se manifesta em todo o corpo e não se reduz no que a MCT chama de *chi*.

UMA COLUNA VERTEBRAL "MAIS JOVEM": A TERAPIA CRANIOSSACRAL

A coluna vertebral é feita de vértebras, de nervos e do líquido cérebro-espinhal. As vértebras do pescoço são chamadas "cervicais", as que estão na altura do peito são chamadas "torácicas", as que estão no meio das costas são chamadas de "lombares" e as que estão na altura da pelve, "sacrais"; a coluna abrange ainda o cóccix. As vértebras torácicas e cervicais giram um pouco, mas as lombares e sacrais permanecem sempre relativamente fixas no plano horizontal. Todas as vértebras são capazes de algum grau de flexão e extensão: veja a Figura 1. Essa ilustração mostra a curvatura natural da coluna. É com essa curvatura que a coluna sustenta o resto do corpo. Imagine uma força exercendo-se verticalmente de cima para baixo no topo da cabeça, força essa que representa o empuxo gravitacional da cabeça, que é a parte mais densa do corpo. A curvatura funciona como uma mola, que cede e "reage" aos movimentos. Se a coluna fosse absolutamente reta, não seria elástica em absoluto e qualquer força aplicada de súbito a faria quebrar-se.

A coluna que se incline para um lado ou tem uma curvatura errada em qualquer um dos planos funciona como um caminhão cuja carga está distribuída de maneira desigual. O peso do corpo e de tudo aquilo que a pessoa estiver carregando produz uma tensão desigual em uma ou mais partes da coluna. O Ba-guá pode promover a retificação desses desalinhamentos. Cultiva também a elasticidade da coluna por meio dos freqüentes movimentos giratórios que fazem parte da arte. Colabora, enfim, para retardar o processo normal de envelhecimento.

Ao redor do cérebro, dentro do crânio, até a extremidade da coluna vertebral, há um "banho" de líquido cérebro-espinhal (LCE) que protege os nervos e as estruturas contra os choques, mais ou menos do mesmo modo pelo qual o embrião é protegido pelo líquido amniótico dentro do útero. Uma das características mais importantes do LCE só foi conhecida pelos médicos ocidentais há umas poucas décadas. Esse conhecimento conduziu à criação de dois novos tipos de terapia, chamados Osteopatia Craniana e Terapia Craniossacral. A maioria das pessoas sabe que os osteopatas são aqueles que manipulam as articulações do corpo para corrigir defeitos de postura. Quase todos nós já sentimos o estralo de uma articulação e, de preferência, o alívio que vem logo em

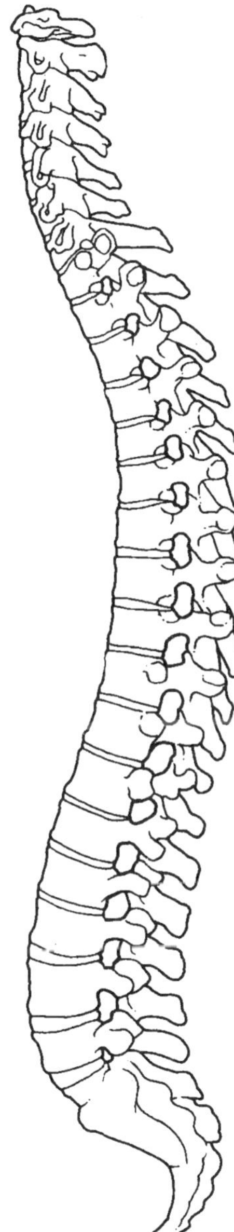

Figura 1: Coluna vertebral, evidenciando a curva natural de sustentação

seguida. Os pioneiros da Osteopatia Craniana estudaram a possibilidade de ocorrência de pequenos movimentos dos ossos do crânio, forma essa de tratamento que produziu resultados extraordinários num bom número de casos diferentes.

As articulações dos ossos do crânio são chamadas suturas e são em número de 34; estão enumeradas em qualquer bom compêndio de anatomia. Um ponto importante de discordância entre alguns adeptos da medicina ocidental ortodoxa e os seguidores da Terapia Craniossacral é a questão de saber se os ossos do crânio estão todos fundidos, e portanto são fixos, ou se há algum movimento possível das articulações que os ligam. Trata-se de uma questão que põe em jogo o próprio fundamento da estratégia não-ortodoxa, uma vez que, se os ossos do crânio adulto são perfeitamente fundidos, o movimento e as mudanças de pressão do LCE não devem ter efeito algum sobre esses ossos.

Os adeptos da Terapia Craniossacral (TCS) sustentam que a secreção do LCE faz com que um pulso rítmico seja transmitido através do líquido numa taxa de seis a dez vezes por minuto. Cada ciclo de pulsação e repouso causa uma mudança ou flutuação na pressão, a qual, por sua vez, é transmitida para todo o corpo por meio dos fluidos corporais e da tensão das membranas. A TCS encontra analogias plausíveis entre essa pulsação e as diversas pulsações da natureza e da atividade humana e se refere à ação dessa pulsação com as mesmas palavras que se aplicam ao uso dos músculos: extensão e flexão. Afirma ainda que a pulsação tem um outro efeito relacionado à idéia de energia espiral das artes marciais e à ausência de *chinglo* (meridianos da acupuntura) espiralados ou enrolados em torno dos membros.

A teoria afirma, portanto, que a flexão causada pelo pulso faz com que os dois lados do corpo girem externamente em torno dos eixos longitudinais e, na fase de extensão, girem internamente. Segundo a TCS, na própria coluna vertebral, o líquido em sua fase de expansão caminha numa espiral descendente e tende a penetrar em outras áreas de fluidos e membranas. Como a maioria dos órgãos e partes do corpo está rodeada por alguma forma de membrana, o efeito ondulatório do fluido se transmite para toda parte. No que diz respeito à teoria dos meridianos da acupuntura, alguns adeptos da TCS afirmam que o *chinglo* ou meridianos passam pelas membranas que revestem os órgãos e membros.

A maioria das atividades corpóreas de que estamos falando aqui não é visível no exterior: só podem ser sentidas (pelo tato) por um praticante experiente. Essa é uma das causas da discordância que existe entre os ortodoxos e os não-ortodoxos. O mesmo potencial de discordância existia (e em certa medida ainda existe) em relação à acupuntura. Deve-se dizer também que alguns adeptos de TCS prorrompem em odes líricas a respeito da sua prática, como fazem todos os que se entusiasmam por alguma coisa, e isso contribui para afastar os críticos mais ortodoxos. Todo praticante da TCS afirma ter um organismo perfeitamente sintonizado que pode ser usado como instrumento para diagnosticar o estado do LCE dos pacientes. Seus corpos são como estetoscópios humanos que captam a homeostase do paciente: a homeostase – a tendência à conservação do *status quo* corpóreo – é um elemento importante da TCS, pois os médicos que seguem essa linha encaram o sistema craniossacral como um delicado barômetro do estado geral do corpo. Uma das chaves desse estado geral é o estado da pulsação; outra é a tensão das membranas.

Um dos postulados fundamentais da TCS é o de que todas as tensões desagradáveis ficam acumuladas nas membranas do corpo. Segue-se daí que as tensões emocionais interagem com os tecidos do corpo e que, quando as emoções não são capazes de agüentar um acontecimento ou situação desagradável, o corpo reage a esse fato de um modo todo seu, criando tendências que então são acumuladas. Nas membranas, essas tendências podem assumir dois padrões diferentes: um "padrão de retenção" ou um "padrão de colapso". O padrão de retenção está associado às reações à tensão emocional, e o padrão de colapso, às reações aos traumas físicos. Uma das características desses padrões é a de poderem permanecer por muito tempo depois do desaparecimento das causas iniciais. O trabalho do praticante consiste, em parte, em encontrar e desfazer esses padrões; de certo modo, é um processo análogo ao da psicanálise.

Tudo o que pretendo agora é delinear os vínculos que existem entre TCS e os métodos e noções das artes marciais e do Chi Kung. O que os artistas marciais e praticantes do Chi Kung fizeram foi tomar elementos da filosofia, quer de fontes ocidentais modernas, quer de fontes chinesas tradicionais, e procurar aplicá-las ao movimento. A premissa que governa essa aplicação é a de que o movimento do corpo pode influenciar o LCE, as membranas e o tecido conjuntivo. Essa influência pode se exercer em diversos níveis: um deles é revelado pela sensibilidade do praticante de TCS, embora possa haver um nível superior de sensibilidade e haja, com toda certeza, uma multiplicidade de níveis inferiores. A premissa secundária é a de que a pessoa pode fazer isso por si mesma e não precisa da ajuda de um terapeuta-massagista.

A premissa fundamental, naturalmente, é aceita pela TCS, mas, mesmo do ponto de vista dessa terapia, a segunda premissa não é evidente de imediato. Não há dúvida de que ela é verdadeira no geral, pois os adeptos da verdadeira Yoga, do zen-budismo e de outros caminhos nos dão indícios abundantes de que o LCE de fato pode ser influenciado pelo indivíduo sozinho. O que podemos investigar é qual é o nível de sensibilidade para que a pessoa possa influenciar o LCE *com segurança*. Alguns professores de artes marciais adotaram a palavra *bomba* para designar a criação da pulsação à qual já me referi. É possível que a idéia de bomba tenha sido tomada demasiado ao pé da letra. A pulsação do LCE é algo muito delicado, invisível aos olhos da maioria das pessoas; portanto, seus efeitos visíveis são muito pequenos quando comparados ao movimento de um membro do corpo no espaço. Ainda é preciso provar que um movimento físico de natureza relativamente grosseira (isto é, quando comparado aos ajustes microscópicos feitos pelas mãos do terapeuta) seja realmente capaz de influenciar a pulsação do LCE. Mesmo que se constatasse que isso é possível, haveria ainda que saber se é aconselhável. A pulsação cíclica segue um ritmo de seis a dez vezes por minuto – mas é evidente que isso varia de pessoa para pessoa. Como o praticante de artes marciais seria capaz de saber em que ritmo deve realizar um determinado movimento de costas, por exemplo? No que deveria basear sua decisão? Se por acaso criasse um ciclo inadequado, quais seriam os efeitos?

O LCE entra no corpo à altura da metade inferior do cérebro e se acumula num reservatório logo abaixo da superfície cerebral, depois de se dispersar rumo à base da coluna. Temos de supor que é a inteligência do corpo quem decide a que ritmo isso deve acontecer. Suponhamos que um praticante de artes marciais modifique arbitrariamente o ritmo de pulsação – seria isso benéfico, e por quê? Seja como for, é sensato – senão essencial – que a pessoa passe por um período de preparação antes de procurar fazer qualquer tentativa de mudança. A preparação deve consistir, ao menos em parte, numa intensificação da "sintonia" com a inteligência do corpo. É preciso estar em sintonia com essa inteligência antes de querer ajudá-la.

Nem todos os praticantes e mestres de artes marciais se interessam por essas questões. Alguns só querem saber de resultados, de energia, de poder físico. Os possíveis efeitos colaterais não lhes interessam. No meu entender, essa atitude não é muito sábia.

Também a Osteopatia Craniana ocupa agora um lugar respeitável na medicina ocidental. Uma das aplicações desse trabalho é o tratamento de crianças novas que apresentam distúrbios de sono e de comportamento, como um choro constante sem motivo observável. Relatam-se diversos resultados positivos. De todo o mundo temos indícios de que os métodos produzem bons resultados em pessoas de todas as idades. Não só osteopatas, mas muitos clínicos gerais foram formados nessa espécie de terapia.

Nos Estados Unidos, os estudantes de Ba-guá que têm formação em medicina afirmam que a prática do Ba-guá promove o movimento do LCE de maneira benéfica, curando os mais diversos distúrbios. Trata-se, em essência, de uma questão de mobilidade. À medida que envelhecemos, a coluna perde mobilidade e elasticidade. O Ba-guá pode nos ajudar a conservar essas propriedades. O mesmo vale para a osteoartrite espinhal. À medida que envelhecemos, os discos intervertebrais começam a perder o líquido neles contido e, portanto, perdem a elasticidade. Os "amortecedores" perdem a capacidade de absorver os impactos. Isso leva a um achatamento dos discos e, ao fim, a uma perda visível de altura. O corpo, procurando reduzir os movimentos, reage mediante a produção de espasmos e dores musculares. Depois começa a depositar cálcio nas extremidades dos discos. O cálcio preenche as articulações, produz inflamações e causa ainda mais dor devido à pressão que impõe à raiz dos nervos.

Boa parte dos danos e da dor são derivados dos efeitos de alinhamento, mas um tanto vem da falta de uso. Quando menos se usa uma coisa, tanto menos ela se presta ao uso. Diz o antigo ditado que o portão muito usado não cria teias de aranha: bem, é muito difícil que a artrite se acumule numa coluna ativa e bem utilizada. A prática do Ba-guá, quando feita de maneira correta, colabora para isso. Se você observar as pessoas mais velhas, verá que um dos movimentos que elas mais têm dificuldade (ou não são capazes) de fazer é o de virar a cabeça e olhar para trás. Isso se deve à perda da capacidade de giro das regiões cervical e torácica superior. No Ba-guá, esse tipo de movimento giratório é básico.

. Sabe-se que, à medida que envelhecemos, nossas articulações perdem a mobilidade. Isso, porém, não é inevitável. As pessoas o consideram como tal, mas não é. É verdade que, aos 50 anos, não temos força muscular nem tanta elasticidade das articulações quanto tínhamos aos 20; mas podemos permanecer fisicamente ativos. As articulações têm limitações naturais que dependem do como e do para quê foram feitas. A articulação do joelho, por exemplo, não foi feita para girar, mas só para flexionar-se. Outras regiões, porém – como a escápula – são capazes de uma ampla gama de movimentos. Quando se conserva a liberdade de movimentos da escápula, que se assemelha a uma lâmina, toda a região dos ombros, a assim chamada cintura escapular, permanece solta. Os ombros não ficam duros nem levantados; a cabeça e o pescoço não ficam travados num só lugar.

Se você experimentar fazer alguns dos movimentos de braço e de ombro descritos neste livro, verá que o Ba-guá usa praticamente todos os movimentos possíveis da escápula. Embora talvez constate que ainda não é capaz de fazer alguns movimentos, a prática e a paciência o tornarão capaz. Portanto, podemos recordar agora que o Ba-guá pode ser empregado para muitos fins, todos úteis para nós: o aspecto marcial, o estudo do *I Ching*, o cultivo da meditação no movimento, a exploração de novas ações físicas e como terapia.

AS ENDORFINAS

A palavra *endorfina* já entrou para o uso corrente. Ela se baseia na palavra *morfina* e quer dizer "a morfina interior", isto é, a morfina produzida no interior do corpo. Mas, à semelhança do que aconteceu com a Osteopatia Craniana, a própria idéia da existência de endorfinas já esteve restrita a um número bem pequeno de cientistas. A luta para provar essa existência foi difícil e demorada e o assunto ainda é controverso. Em poucas palavras, as endorfinas são substâncias que, quando liberadas nas conexões nervosas (sinapses), amortecem ou eliminam a sensação de dor. Sem a dor, o aumento da quantidade de endorfina no corpo pode ajudar a criar um estado de mais tranqüilidade e paz.

A descoberta dessa substância se deu no contexto de um grande esforço que os cientistas e as grandes companhias farmacêuticas fizeram para encontrar um analgésico que não fosse derivado do ópio. Em 1973, os dois grandes analgésicos a que o público tinha acesso eram a aspirina e o paracetamol (acetaminofenol). Os derivados do ópio provocam dependência; a aspirina era considerada relativamente segura, mas não tinha poder sobre a enxaqueca, a artrite e as dores crônicas em geral. Por isso, quem descobrisse um analgésico que não causasse dependência – isto é, que não fosse derivado do ópio – e resolvesse esses problemas faria fortuna.

Algumas décadas antes disso, os neurotransmissores (substâncias como a dopamina e a serotonina) tinham sido descobertas. Embora na época ninguém soubesse ao certo como os neurotransmissores funcionavam, acreditava-se que certos "receptores" captavam-lhes as "mensagens" e davam origem a vários efeitos. Exemplo disso era uma substância capaz de regular a atividade cardíaca. Essas descobertas levaram os pesquisadores a imaginar a existência de diversas classes de substâncias químicas desconhecidas que explicariam as mudanças dos estados mentais e das condições físicas.

Considera-se que as endorfinas compõem uma dessas classes. Elas foram apontadas como um dos fatores ativos da anestesia por acupuntura, que permite que os pacientes sofram cirurgias de porte sem recorrer a nenhuma anestesia externa. Afirma-se também que as endorfinas fazem parte dos recursos naturais de que o corpo dispõe para combater o *stress*. Outra crença bastante difundida é que as endorfinas são produzidas por qualquer exercício físico forte e prolongado, o que explicaria o "barato" ou estado de euforia que muita gente sente depois de uma sessão puxada de aeróbica, ou de um exercício puxado qualquer.

Mas ao passo que a aeróbica e o *cooper*, por exemplo, podem causar no corpo ferimentos graves e até crônicos, existem outras formas de exercício que não têm esses resultados. O Ba-guá é uma dessas formas. Praticado corretamente, com cuidado, o Ba-guá exercita o corpo inteiro, produz o chamado "efeito endorfina" e não tem efeitos adversos. Além disso, os movimentos estranhos de alongamento, semelhantes aos usados por muitos atletas e dançarinos em seus treinos, produzem o "reflexo de extensão", fenômeno que ocorre quando um músculo é estendido. Os músculos são feitos de tal forma que, quando só estendidos, apresentam imediatamente a tendência de contrair-se na direção contrária; veja a Figura 2. Quando praticado corretamente, o Ba-guá produz esse reflexo em diversos músculos e dá ao praticante uma sensação de relaxamento que dificilmente se pode sentir de outro modo.

Praticamente não é preciso acrescentar que todos os benefícios mencionados até agora têm como efeitos psicológicos uma sensação de bem-estar, de tranqüilidade e de confiança, a redução do *stress* e de todas as outras expressões que são usadas para designar aquelas mudanças que quase todas as pessoas consideram como um alívio extremamente bem-vindo.

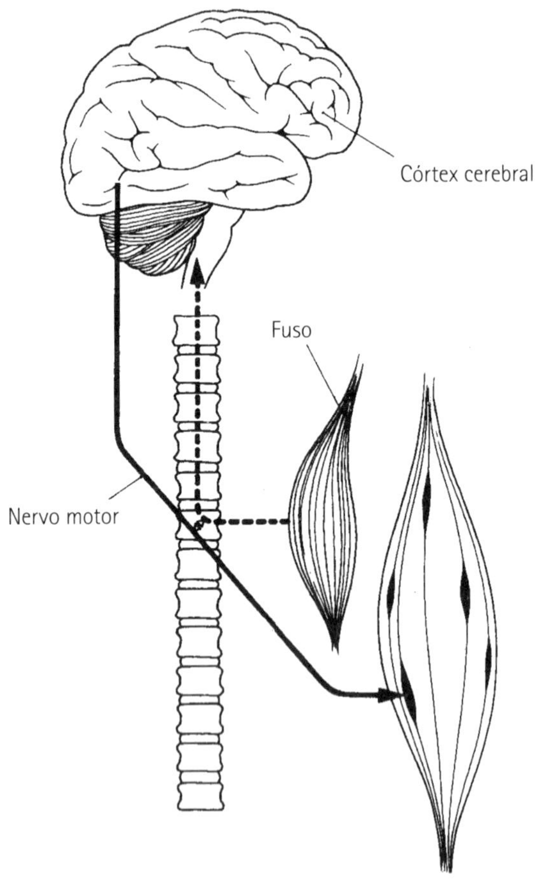

Figura 2: Diagrama do reflexo de extensão

EQUILÍBRIO

Quase todos nós temos medo de cair. Seja lá por que motivo for, temos medo de perder o equilíbrio. Mas as crianças não têm esse medo e caem no chão sem problemas, até com gosto. Os passos intrincados e fluentes do Ba-guá, associados ao uso incomum do corpo, à centralização do equilíbrio, à concentração no círculo, determinam uma atitude muito mais positiva em relação ao movimento no espaço. O Ba-guá é uma disciplina de constante mudança, não de fixidez. O medo é fixidez, relutância em se mover. Quando você começa a ter a sensação da mudança, terá também menos medo de cair.

A CIRCULAÇÃO

Boa parte dos efeitos curativos e de melhora da saúde que resultam da prática do Ba-guá podem ser atribuídos ao "fluxo e refluxo", ao "encher e esvaziar" que constituem uma circulação eficiente. Estamos nos referindo por um instante à terminologia chinesa, isto é, ao Yin e ao Yang. Muitos aspectos das doenças são devidos em alguma medida ao colapso ou ao mau andamento desse processo de complementariedades. Se você for até uma grande farmácia ou loja de produtos químicos no Ocidente e der uma olhada nos remédios, vai notar que muitos deles, de uma maneira ou de outra, têm como objetivo uma melhora da circulação. Talvez a bula não o afirme, mas é assim que os remédios funcionam. Certos analgésicos, por exemplo, diminuem a dor melhorando a circulação. Os laxantes curam os problemas de "circulação" do intestino: o encher e o esvaziar. Os medicamentos que combatem a diarréia restringem a hiperatividade do esvaziar. Os que combatem a congestão das vias respiratórias colaboram para que o ar circule para dentro e para fora dos pulmões e das cavidades nasais. Portanto, num sentido bastante geral, nossa saúde depende em grande parte do bom funcionamento de certos comandos e inação. "All work and no play makes Jack a dull boy." (N. do T.: Provérbio que significa: "Só trabalho, sem diversão, torna a pessoa estúpida." Usado aqui em sentido alegórico.) Você há de constatar que prática regular e correta do Ba-guá cuida amplamente da questão em circulação.

É evidente que não existe um sistema único que seja capaz de curar ou mesmo mitigar todas as enfermidades. Se você tiver algum problema específico, não deixe de consultar um médico ou um osteopata. Não enterre a cabeça, como um avestruz, na areia do Ba-guá.

AS MÃOS E OS PÉS

Muita gente sofre de frio nas mãos e nos pés, especialmente no inverno, e costumam pôr a culpa disso em problemas de circulação. Talvez a falta de exercício faça com que o sangue e, junto com ele, o fluxo de energia não cheguem perfeitamente até as mãos e os pés. No Ba-guá, diríamos que as solas dos pés e das palmas das mãos, num caso como esse, estão "mortas", sem sensibilidade alguma.

Em experimentos de *biofeedback*, constatou-se que uma pessoa, ligada a um aparelho eletrônico que mostra a temperatura da superfície da pele, é capaz de elevar essa temperatura concentrando-se nas palmas das mãos. Com isso, ficou claramente demonstrado que não precisamos nos submeter às condições de um laboratório para fazer esse mesmo experimento. Como já vimos, o Ba-guá exige que as mãos e os pés sejam movimentados e posicionados de um modo todo particular e, às vezes, a atenção se concentra com mais intensidade nas palmas das mãos e nas solas dos pés. Além disso, a extensão e o alongamento das palmas e das solas põem em jogo os músculos, os tendões, os ligamentos e as articulações naquele processo de ação e inação, flexão e extensão, naquele fluxo perfeitamente natural que constitui o dia-a-dia de todos os animais selvagens. Como as mãos e os pés são os pontos extremos do corpo, a circulação sangüínea e o fluxo de energia têm de atravessar os membros para chegar a eles, beneficiando também os braços e as pernas.

Para aqueles que se interessam pelos métodos de cura que utilizam as mãos - massagem, acupuntura, shiatsu, do-in e assim por diante -, o aumento da sensibilidade e força que advém da prática do Ba-guá será um acréscimo bem-vindo às suas capacidades. O Chi Kung chinês postula que a circulação perfeita é essencial para a saúde, à medida que assimila o *chi* energizante e põe para fora o *chi* já usado. É claro que, como em quase tudo, o sucesso depende da prática correta e regular. Ninguém deve obter um efeito grande e permanente que coloque tudo definitivamente no lugar cento.

MENTE E CORPO

Quando eu era adolescente, no final dos anos 40 e começo dos 50, estudei yoga e li vários livros sobre a filosofia dos *Upanishades* da Índia. Naquela época, a separação entre mente e corpo era um princípio firmemente estabelecido e quase inquestionável do pensamento ocidental. Quando captei a idéia de que, quando dois sistemas estão ligados um ao outro, é preciso que haja uma região de semelhança entre eles, fiquei muito impressionado. Sabemos que a "mente" influencia o "corpo", e vice-versa. Portanto, é preciso que haja uma espécie de ponte que permita a ocorrência dessas interações.

Hoje em dia, essas idéias são mais ou menos comuns – mas ainda concebemos a mente e o corpo como duas coisas separadas. É claro que, num certo sentido, eles estão separados, mas formam um todo. Não é possível, na verdade, conceber um ser humano sem o corpo ou sem a mente. Corpo e mente interpenetram-se. O Ba-guá como muitas outras disciplinas, faz uso desse fenômeno, e o faz por meio da *mudança*. Alguém disse que o Tempo é o que impede que tudo aconteça de uma vez – uma definição provocante. A mudança ocorre no Tempo, e o *stress* pode ser definido como uma reação a uma situação que não existe *agora*. Se eu perco o ônibus, ou o trem, e passo os trinta minutos irritado e preocupado com a possibilidade de faltar a um compromisso, estou concentrado em algo que não pode ser resolvido agora. Será resolvido daqui a trinta minutos. Se a minha mulher me abandona por algum motivo, eu posso me apegar ao passado e passar o resto da vida me lamentando ou me lembrando do que já passou, mas isso não existe no *agora*. A mudança e inevitável.

Uma história Zen trata exatamente disso. Um mestre zen chamou a atenção de uma jovem bonita, pela qual, porém, não se interessava. Ela fez amor com outro homem e ficou grávida. Quando lhe perguntaram quem era o pai da criança, ela disse que era o mestre zen. As pessoas lhe contaram isso e ele disse: "É mesmo?" Algum tempo depois, a jovem voltou atrás e contou a verdade. As pessoas mencionaram ao mestre zen esse último episódio e ele disse: "É mesmo?" Ele vivia no presente e acolhia cada mudança na hora em que esta acontecia.

Os movimentos e a doutrina do Ba-guá favorecem uma capacidade maior de adaptação à mudança.

Voltando à interpretação da mente e do corpo, experimente fazer o seguinte. Use os músculos do rosto para produzir um sorriso. Faça-o várias vezes e depois fique sorrindo. É provável que, por dentro, você comece a se sentir sorrindo e comece a achar que tem motivo para sorrir. Se você pegar os movimentos do macaco no Ba-guá, por exemplo, que têm um espírito ligeiro e brincalhão, e praticá-los um pouco, vai começar a se sentir leve e brincalhão, embora talvez não haja nada em sua vida que o leve a se sentir assim. Se passar então aos movimentos poderosos do dragão, seu estado de espírito mudará de novo. É possível que na hora você não queira mudar de estado de espírito, mas o poder dos movimentos vai provocar essa mudança de qualquer maneira.

Você talvez se oponha a essa linha de argumentação e diga: "Tudo isso é artificial. Na verdade, eu não me sinto como um macaco nem como um dragão. Tudo isso é inventado." É verdade, mas essa afirmação implica que os seus estados de espírito mais comuns *não* são artificiais, mas reais e justificáveis – em suma, que eles são o que você realmente sente. Essa objeção, porém, não resiste a um exame minucioso. É verdade que alguns estados de espírito são mais verdadeiros do que outros, mas que estados são esses? Se você perde o ônibus e fica aborrecido, é isso que você realmente é? Digamos que você seja homem; você perde o ônibus mas, no minuto seguinte, olha para trás e vê uma mulher bonita esperando o ônibus no mesmo ponto. Se ela sorrir para você e demonstrar interesse, você esquecerá a irritação e ficará interessado pela mulher. Então até que ponto a sua irritação era real?

A prática do Ba-guá mostra como essas coisas funcionam e lança luz sobre o tema da mudança em geral. Assim como se supõe que os animais tenham de se adaptar fisicamente para sobreviver, é possível que nós tenhamos de aprender a nos adaptar psicologicamente, não só de uma maneira abrangente e global, mas também de modo mais trivial, mais imediato – isto é, de um modo que faça parte de nossa vida cotidiana.

ESTUDOS DE CASOS

No mundo das artes marciais do Oriente existem muitos exemplos de pessoas que, quando pequenas, eram fracas e doentes mas que, depois, tornaram-se muito fortes e saudáveis. Há também casos de adultos fracos e doentes que ficaram muito mais saudáveis.

O fundador do Aikidô, Morihei Ueshiba, por exemplo, sofria de inúmeros problemas de saúde quando criança. Por meio do estudo das artes marciais, ele tornou-se não só hábil como também imensamente forte e saudável. Koichi Tohei, discípulo de Ueshiba, também era uma criança frágil, mas seguiu os passos do mestre no que se refere à saúde, à força e à capacidade marcial. Cheng Man Ching, famoso no mundo inteiro como mestre de Tai Chi, é outro caso semelhante. Sofria de tuberculose e atribuiu sua cura à prática do Tai Chi sob a direção do mestre Yang Cheng Fu.

Também o Ba-guá não sofre falta de embaixadores de saúde. Temos nos Estados Unidos o dr. John Painter, conhecido dos praticantes de Ba-guá. Os médicos disseram a seus pais que ele dificilmente passaria dos 18 anos de idade. Sua infância foi uma longa história de problemas de saúde, ausências escolares e infelicidade em geral. Com 11 anos, ele teve a sorte de conhecer o dr. Li Jiulong, experiente praticante do Ba-guá e herbalista da China. Estudou e treinou durante nove anos, seguindo as instruções do dr. Li, e sua saúde começou a melhorar praticamente desde o início do treinamento. Com quase 50 anos, Painter afirmou que devia quase tudo em sua vida à prática do Ba-guá.

Bruce Kumar Frantzis é outro artista marcial norte-americano que se especializou nas artes marciais internas. Há alguns anos, ele sofreu um seriíssimo acidente de carro que praticamente o condenou à paralisia, na pior das hipóteses, ou a sofrer severas restrições de movimento, na melhor. Por meio de uma combinação de Chi Kung e Ba-guá, ele conseguiu reconstruir seu corpo e a sua vida. Atualmente, escreve e ensina sem sofrer nenhuma restrição à sua atividade física.

Liu Yun Ch'iao, artista marcial chinês nascido em 1909, também era extremamente frágil quando criança. Suas irmãs mais velhas haviam morrido ainda crianças, e o pai quis garantir que o herdeiro sobrevivesse até a idade adulta. Aos 5 anos de idade, ele foi "entregue" a um guarda-costas e especialista em artes marciais, Chang Yao Ting, que lhe massageava o corpo e o treinava em diversas artes. Liu tornou-se um jovem saudável e consolidou-se por fim como um famoso mestre de Ba-guá.

Sun Lu Tang foi um mestre de Tai Chi e Hsing-I que se destacou também no Ba-guá. O estilo Sun de Tai Chi leva-lhe o nome e existe também um estilo de Ba-guá criado por ele. Na infância, Sun era extremamente pobre e infeliz. Na adolescência, a dureza da vida levou-o a tentar suicídio, mas foi salvo por alguns transeuntes. Foram as artes marciais que deram sentido e sucesso à sua existência e fizeram-no merecer o respeito dos contemporâneos e a gratidão das gerações posteriores de praticantes.

Como evitar ferimentos

Há alguns anos, antes de Ji Jian Cheng voltar a Chengdu, na República Popular da China, nós gravávamos um vídeo no qual ele faz a Forma do Dragão Nadando, do Ba-guá de San Lu Tang. Nessa fita, vemos que às vezes ele faz os movimentos com o máximo vigor e rapidez. Quando me lembro disso, sinto-me obrigado a dar uma palavra de advertência aos iniciantes: *Não procure imitar diretamente um mestre - você vai se machucar.*

Como frisei no começo do livro, procure movimentar-se com suavidade e relativa lentidão. O especialista prepara o seu corpo, especialmente as articulações, para suportar a tensão dos movimentos giratórios fortes. Essa preparação tem de ser homogênea - todas as partes do corpo têm de estar igualmente preparadas. Se um determinado grupo de músculos estiver mais forte ou mais fraco do que os restantes, a probabilidade de um ferimento será maior. Embora os ferimentos possam ocorrer em qualquer ponto do corpo, no Ba-guá os pontos mais vulneráveis são os tornozelos, os joelhos e a parte inferior das costas. A experiência me diz que os tornozelos são particularmente importantes: eu tinha um antigo problema no tornozelo e o Ba-guá me mostrou que eu não poderia esquecê-lo tão cedo.

Uma das principais advertências, portanto, é a seguinte: movimente-se como uma unidade. Não dê ênfase a uma única parte do movimento - por exemplo, girar o sesamóide (osso da planta do pé logo atrás do dedo maior) - negligenciando as outras.

Comece por andar em círculo e, enquanto anda, procure ter consciência de todas as partes do seu corpo. Conscientizando-se do ritmo dos seus passos e do modo pelo qual esse ritmo se reflete em todo o corpo - das solas dos pés ao topo da cabeça, passando pelas pontas dos dedos das mãos. Dessa maneira, você estará mais apto a "ouvir" possíveis sinais de advertência de uma articulação ou um músculo que estiver com dificuldades para acompanhar o movimento. Essa atitude simples, que pode ser resumida em poucas palavras é, na prática, uma tarefa muito difícil, que exige paciência e uma prática regular.

Enquanto você anda e gira de leve o tronco para o centro do círculo, traga de vez em quando o tronco à posição normal para dar um descanso aos músculos envolvidos. Além disso, mude regularmente de direção para girar o tronco no sentido oposto. Com isso, você garante que os músculos do pescoço não fiquem "congelados" numa única posição.

Ao andar, relaxe as articulações dos ombros, dos cotovelos, dos pulsos e dos dedos para que eles também não fiquem congelados. Esse conselho vai de par com outra advertência de caráter geral que costuma ser dada aos principiantes acerca do hábito de pressupor que a primeira postura que adotamos é sempre a postura correta. A verdade é que é muito pouco provável que ela seja correta; por isso, se você variar um pouco a postura para descansar os músculos e as articulações, estará prevenindo-se também contra a fixação de maus hábitos posturais. Conserve na mente a "idéia" do que você tem de fazer, mas movimente o seu corpo "em torno" da idéia.

Quando você juntar os dedos de ambos os pés para fazer um passo em V ou separar os dedos para fazer um passo em T (o calcanhar de um pé à frente da parte de dentro do outro pé), tome cuidado com os joelhos. É possível que, de início, você não seja capaz de fazer esses dois passos corretamente. Não obrigue as articulações a entrar na posição certa. Contente-se com uma posição aproximada, sem esquecer de qual é a posição ideal. Os joelhos, em particular, ficam vulneráveis quando os pés são postos nessas duas posições. Faça-as suavemente e mantenha-se sempre dentro de sua capacidade.

Quando você puser um braço sob o outro, como no Dragão Virando a Cabeça ao início e ao fim de cada Mudança da Palma, não faça força demais. Você pode distender os seus músculos peitorais. Leve a mão de baixo ao seu destino com firmeza, num movimento único e ininterrupto.

No movimento do Leão Segurando uma Bola, cuidado com a parte inferior das costas. Ao levantar a bola para o alto, não se incline para trás. Aliás, incline-se um pouco – mas só um pouco. É um movimento expansivo: se você se deixar levar por ele, é provável que alguém tenha de levá-lo ao médico! Como em todos os treinos, vá devagar, fique atento à performance dos músculos e, caso sinta um bloqueio, pare, relaxe, alongue-se e tente de novo.

Não é necessário dar conselhos isolados para cada parte da Forma. Se você se mantiver sempre próximo da idéia de uma atitude suave, Yin, poderá dar conselhos a si mesmo. Mas caso você se machuque, pare imediatamente de treinar e procure um médico.

É desnecessário dizer que, antes de começar a treinar qualquer arte marcial, você deve consultar um médico se tiver dúvidas quanto à sua condição física.

Quando já tiver alguma experiência do Ba-guá e não for mais um principiante no sentido técnico, é possível que aconteça um outro fenômeno, que pode ser descrito como uma espécie de portal, de limiar. Digamos que você já seja capaz de fazer as Mudanças da Palma com competência e que seu corpo já não tenha nenhuma dificuldade. Você se sente confiante e, por isso, decide fazer os movimentos um pouco mais rápido, com um pouco mais de força, ampliando mais o desenho ou tudo isso junto.

Espere! É exatamente nesse momento que você pode se machucar. Para treinar o Tai Chi, sigo o princípio de guardar sempre um pouco de energia de reserva. Você deve ter mais energia do que precisa usar. Pode até ser que você ainda não tenha energia, mas deve ser esse o seu objetivo. Assim também no Ba-guá: só quando o seu nível de energia parece sobrepassar o necessário para a prática no seu atual nível de desenvolvimento é que você deve cogitar a idéia de ir mais fundo – e nunca antes disso.

Não é fácil pôr em prática esse princípio, pois sempre somos tentados a ir além da nossa capacidade. É cabível dizer que esse princípio é um ponto essencial da boa prática das artes marciais em geral. É muito mais fácil forçar e passar do limite do que acumular uma reserva de energia. Esse acúmulo exige paciência e comedimento. Assemelha-se ao ato de manter a calma quando alguém nos insulta ou nos aborrece. Se é possível acumular o *chi*, como reza a teoria tradicional, esta prática de que estou falando é um exemplo disso. Além disso, ela ajuda a impedir que você se machuque. Quando você começar a sentir durante o treino que você está com excesso de energia, não se preocupe. Se você se sentir incomodado, relaxe e caminhe um pouco, partindo da cabeça em direção aos pés. O excesso de energia se dissipa em pouco tempo, mas volta sempre que você treina. Com paciência e perseverança, você terá na sua prática uma reserva cada vez maior de energia, que será para você como um cobertor quentinho. Será como algo que você veste, não algo de que você quer se livrar.

Quando esse fenômeno ficar bem nítido na hora da prática, será então o momento correto de forçar um pouco mais em certos aspectos. Nesse momento, porém, é possível que você não tenha a impressão de estar se forçando, mas de estar experimentando – quero dizer que você não vai querer alcançar um determinado patamar, mas estará interessado em saber o que mais é possível, "o que aconteceria se..." Estará menos atento ao resultado e mais atento ao processo em si. Chegar a essa atitude é muito bom sinal. Significa que você já está menos suscetível aos ferimentos; e significa também, o que é mais importante, que você está começando a captar realmente os benefícios da abordagem interior do Ba-guá.

Quando se pensa sobre o assunto, fica evidente que a Circulação Celestial Menor (por exemplo) pode ser ensinada para uma pessoa impaciente. Num certo sentido, trata-se de um mecanismo. A pessoa impaciente pode aprendê-lo e nem por isso vai ficar mais paciente. Mas, se queremos tirar algo de bom do Ba-guá, esse algo deve ser encarado no sentido geral. Não queremos uma conquista isolada, como, por exemplo, a capacidade de andar em círculos mais rápido do que qualquer outra pessoa no mundo! Isso não faz sentido. A pessoa verdadeiramente paciente vai aprender a Circulação Celestial Menor com muita rapidez e vai gostar do que aprendeu. A pessoa impaciente pode até aprendê-la, mas o benefício que vai tirar daí será muito pouco.

Por isso, se você desenvolver uma reserva de energia durante a prática e for capaz de conservá-la por algum tempo, terá menos probabilidade de se machucar, quer física, quer psicologicamente.

Como costumava dizer um dos meus mestres, "Eu disse que era simples; não disse que era fácil".

CAPÍTULO 4

O CÍRCULO

O círculo é uma forma que foi usada de diversos modos pelos seres humanos. Ele aparece em todos os tipos de arquitetura, nas danças, nos jogos, nos silogismos filosóficos, no pensamento alegórico, e em muitos outros setores da vida. Na mecânica teórica, por exemplo, e nas aplicações práticas da mecânica a vários tipos de máquinas, o estudo das forças rotativas (circulares) é um estudo fascinante. Embora sejam pouquíssimas máquinas que funcionem na velocidade de um homem que caminha, ou mesmo na velocidade de um mestre de Ba-guá em plena prática, as forças que entram em jogo nos dois casos são muito semelhantes.

Se você andar num círculo ou, melhor ainda, correr num círculo de diâmetro largo, quase não terá a sensação do que se chama força centrífuga, isto é, quase não sentirá a força que puxa para longe do centro, força essa que você precisa compensar. Mas, se você andar (ou correr) num círculo cujo diâmetro é de apenas um metro, por exemplo, vai ver que será necessário ficar girando o corpo em direção ao centro do círculo e virando um pouquinho em direção ao centro a cada passo para não sair do círculo. É provável que você faça tudo isso automaticamente – isto é, contrair os

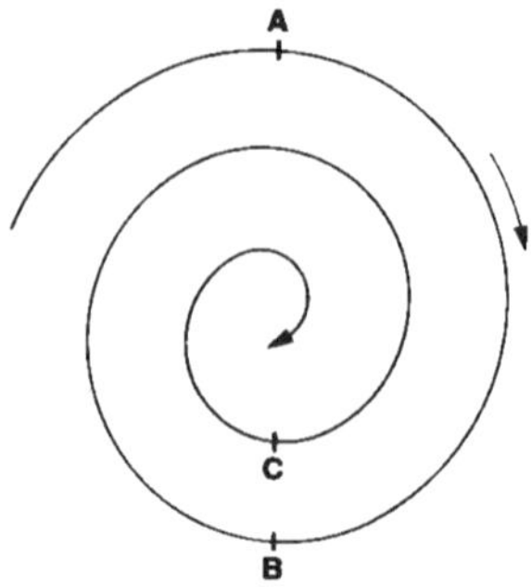

Figura 3: A espiral

músculos apropriados a habilitá-lo a continuar andando pelo círculo. Trata-se de um exercício simples, e será interessante tentar fazê-lo para ver o que acontece.

A Figura 3 mostra uma espiral. Se você partir do ponto A e for caminhando rapidamente até o ponto B, vai sentir cada vez mais a necessidade de girar na direção do centro da espiral. Na curva mais fechada que leva do ponto B ao ponto C, esse giro para o centro aumenta ainda mais. Isso demonstra um fato simples: quanto mais fechada é a curva, tanto maior é a força de giro para o centro que é necessária para descrevê-la. Isso se resume numa regra simples:

> Dada uma velocidade constante, quanto mais fechada é a curva, maior é a força de giro para o centro.

Vamos abreviar os elementos dessa fórmula em C (curva), V (velocidade) e F (força). Quando C aumenta ou diminui, F aumenta ou diminui proporcionalmente. Quando C e V aumentam ou diminuem ao mesmo tempo, F aumenta ou diminui também, mas numa intensidade maior que a correspondente à mudança de só uma das outras variáveis. Talvez esta forma de compreensão pareça demasiado acadêmica a esta altura; mas, se você se lembrar dela quando for praticar o Ba-guá, pode ser que ela o ajude a ter uma intenção de movimento mais precisa. Se você quiser, por exemplo, girar em círculo com muita rapidez, ser-lhe-á útil saber que você vai precisar de mais força de giro para o centro. É evidente que, se você fizer o movimento, vai perceber automaticamente que isso é verdade; mas se tiver esse conhecimento de antemão, ser-lhe-á mais fácil manter o equilíbrio.

Sugiro que você faça de novo, na prática, as variações expostas acima e veja por si mesmo o que eu quis dizer. Caminhe ou corra do jeito que você sempre costuma fazer e escolha um círculo de um tamanho determinado. Depois mude a velocidade de corrida. Escolha outro círculo mais fechado e faça nova experiência. Feche ainda mais o círculo, e assim por diante.

É possível que você perceba também que, quanto mais rápido corre, e quanto mais tem de virar para o centro, tanto mais tenso você fica. Trata-se de uma reação normal e automática, mas não deve ser ignorada nem acatada sem restrições. Se isso acontecer, você vai cansar-se mais do que o necessário e suas técnicas de desenvolvimento ficarão prejudicadas. Acima de tudo, essa reação é desnecessária, pois o fato é que, nesse estágio, os músculos que mais têm de funcionar são os músculos das pernas. Por isso, relaxe o tronco, o rosto, o pescoço e os ombros e concentre-se em deixar que as pernas e os pés façam o movimento de andar. É possível que você fique tonto. Quanto a isso, use o bom senso e meça a própria capacidade. Evidentemente, convém às vezes mudar o sentido da caminhada, de horário para anti-horário e vice-versa. Mesmo um círculo com diâmetro de três metros pode deixar você tonto.

O Centro

No Ba-guá, o centro do círculo é um ponto importantíssimo. Talvez lhe convenha pôr um pequeno objeto no centro do círculo para que você não perca de vista a sua localização exata. A prática, porém, fará com que você seja capaz de saber onde está o centro do círculo sem nenhuma ajuda externa – e existem várias razões para que isso seja assim.

Do ponto de vista psicológico, pode-se dizer que o centro do círculo representa uma espécie de centro que está dentro de você. Essa idéia é muito disseminada tanto nas artes marciais chinesas quanto nas japonesas. Esse "centro" interno é, muitas vezes, identificado com uma determinada região do corpo, localizada logo abaixo do umbigo: o *tantien* em chinês, ou *tanden*, em japonês. Os japoneses chamam o conjunto do baixo abdômen de *hara* e afirmam que é nessa região que o praticante deve concentrar a atenção. Isso não dá apenas benefícios psicológicos; como o centro global de gravidade do corpo está mais ou menos nessa região, a concentração da atenção dá também mais estabilidade física. O desenvolvimento dessa consciência do centro exige tempo e muita prática. Quando isso acontece, a consciência do centro permanece, em algum grau, durante todos os seus movimentos, seja o que for que você faça. Além disso, seus movimentos passam a emanar dessa região. Quaisquer que sejam as distrações provocadas pelo exterior, quaisquer que sejam os pensamentos e emoções que lhe passem pela mente, a consciência do centro permanece. Essa abordagem faz parte do Zen e de outros métodos orientais de meditação.

Quando você for andar no(s) círculo(s) do Ba-guá segundo o método descrito acima, que é o mais simples de todos, passe mais ou menos um minuto concentrando a atenção no centro do círculo e no centro do baixo abdômen. Isso lhe dará uma sensação de estabilidade *durante o movimento*. Nossa tendência é conceber a estabilidade como uma função da imobilidade.

Existe uma experienciazinha muito interessante, que você pode tentar fazer, ligada à consciência de um objeto no espaço. À noite, quando já estiver escuro, entre numa sala ou num quarto que você já conheça bem, acenda a luz e ponha uma caneta ou um diário sobre uma mesa ou numa estante. Olhe para o objeto e para a sala por alguns instantes e depois apague a luz, de modo que você não veja mais o objeto. Vá para o outro lado do cômodo, vire-se e, sem hesitação, ande diretamente até o objeto e pegue-o nas mãos. Acenda de novo a luz. Fique em pé em frente à mesa, ponha sobre ela um objeto, vire-se, estenda o braço para trás e pegue o objeto sem hesitação.

Tanto num caso como no outro, você provavelmente será capaz de pegar o objeto sem problema algum. O corpo tem a capacidade de se lembrar de onde os objetos estão sem que você tenha de vê-los ou pensar no assunto. A mesma coisa se aplica ao centro do círculo. Você *sabe* onde o centro está, desde que você não interfira com a capacidade de saber.

Do mesmo modo, o seu corpo *sabe* onde se localiza o *hara* ou *tantien*, porque, quando você não está deitado, ele faz uso de conhecimento a todo instante no processo de manter o equilíbrio. O problema está em como fazer para não interferir nesse processo. É muito mais difícil fazer isso do que ficar consciente do centro do círculo externo. Mas o Ba-guá estabelece uma ligação entre o centro do círculo e o centro do seu corpo. Essa é a matéria do exercício seguinte.

Ande no círculo mais uma vez – um círculo de dois metros de diâmetro, por exemplo. Levante a mão que está do lado de dentro do círculo (a mão direita, se você estiver andando no sentido horário) como na posição demonstrada na Figura 4, de modo que o dedo indicador fique na vertical e o lado interior dele, o lado da palma, fique voltado diretamente para o centro do círculo. Esse dedo deve ser para você como a alça de mira de um rifle. Ao andar, mantenha o dedo indicador permanentemente voltado para o centro. Concentre-se no centro do círculo – e ao mesmo tempo conserve a consciência do baixo abdômen. Depois de girar algumas vezes, vire-se e gire no sentido oposto, levantando o outro braço. É o dedo indicador que liga os dois centros. De quando em quando abaixe o braço e procure conservar mesmo assim a consciência dos dois centros.

Esse exercício é bastante difícil. Embora não pareça exigir muito exteriormente, o esforço mental que ele exige é pesado e até cansativo. Com a prática, você será capaz de fazer o exercício por mais tempo, mas mesmo nesse caso a sua concentração vai flutuar. Isso é inevitável. Como já provamos experimentalmente, ninguém pode ter a esperança de concentrar a atenção de maneira uniforme e ininterrupta num só objeto por muito tempo. Isso tem alguma relação com o fato de que todos os processos vitais envolvem alguma espécie de flutuação, por breve ou demorada que seja. É claro que os seus movimentos vão aos poucos tornar-se mais fluidos, mais naturais, e que a necessidade de fazer esforço vai diminuir. Mas, por outro lado, como objetivo das artes internas é o cultivo da consciência e não o cultivo dos hábitos automáticos, você não deve ceder à tentação de fazer tudo como se estivesse dormindo.

Pratique com regularidade, seja paciente e não desista.

Oferecemos os exercícios seguintes para quebrar a monotonia do treinamento – caso você o ache monótono. Eles também vão prepará-lo para as Mudanças da Palma do Ba-guá, que virão depois.

1) Ande no círculo com o braço e o dedo indicador levantados como antes. Ao andar, traga lentamente o braço estendido para mais perto dos seus olhos, flexionando a articulação do cotovelo; afaste-o de novo, sempre concentrando-se no centro. Vire-se de quando em quando para andar no sentido contrário, levantando o outro braço.

Figura 4: Postura do Dragão, posição de andar

2) Ande no círculo com o braço e o dedo indicador levantados, como antes. Ao andar, e sem flexionar o braço estendido, afaste esse braço do centro do círculo até o outro lado. Se você estiver andando no sentido horário, isso significa levá-lo lentamente da direita para a esquerda, descrevendo um arco na horizontal, e depois levá-lo de volta à posição inicial. Procure fazer isso sem tirar os olhos do dedo indicador. Procure fazê-lo também olhando só para o centro do círculo, de modo que o braço só seja "visto", nesse caso, pela visão periférica.
3) Ande no círculo no sentido horário e, depois de alguns passos, faça um giro de 360 graus para a direita, sem sair do lugar, e continue andando. Faça esse movimento a cada meio círculo de caminhada, por exemplo. Procure recuperar o equilíbrio e terminar o giro bem em cima da circunferência. Não se afaste do centro nem se aproxime dele.
4) Ande em círculo e, a cada volta, passe a dar passos mais curtos ou mais compridos na volta seguinte. Do mesmo modo, a cada volta, mude de velocidade na volta seguinte. Fazendo essas experiências, é possível que você encontre uma velocidade que lhe atraia mais do que as outras. Pode ser que essa velocidade varie de treino para treino, mas a experiência me diz que existem velocidades e tamanhos de círculo que se adaptam especialmente a cada ocasião. "Adaptar-se" significa oferecer um máximo de possibilidades. Por exemplo, pode ser que você ande rápido mas perceba que não consegue concentrar-se nessa velocidade; pode ser que ande devagar e comece a devanear.

A coisa mais "adequada" é aquela na qual se equilibra o maior número possível de fatores. Para dizê-lo de outro modo, é aquela na qual você se sente confortável, mas não sonolento.

5) Este exercício se diferencia do simples andar em círculos e começa a preparar os seus músculos para as Mudanças das Palmas. Ande no círculo e, depois de alguns passos, caminhe em direção ao centro, mantendo o dedo indicador voltado para ele. Quando chegar ao centro, afaste-se dele mantendo o indicador voltado para ele: veja a Figura 5. Quando você se aproxima do centro, a "extensão" do braço levantado muda, isto é, quando você caminha em direção ao centro, o alongamento dos músculos que ligam o braço ao corpo diminui, à medida que o ângulo entre o braço e o corpo também diminui; e quando você se afasta, a extensão dos músculos aumenta. Isso, porém, só acontecerá se você mantiver o indicador voltado para o centro. A razão pela qual a extensão diminui e aumenta é que, quando você anda no círculo, o seu tronco se volta para o centro, mas os pés seguem a circunferência. Ao caminhar em direção ao centro, porém, os pés e o tronco se alinham, diminuindo a extensão. Ao afastar-se do centro, os pés voltam-se para a circunferência, mas o tronco permanece voltado para o centro.

Quando você aprender as Mudanças das Palmas, você verá que a extensão dos músculos laterais do corpo, do lado da mão que está levantada, é um ponto muito importante.

No geral, os movimentos de Ba-guá apresentados neste livro limitam-se aos que são feitos no perímetro do círculo. Certas Formas, como

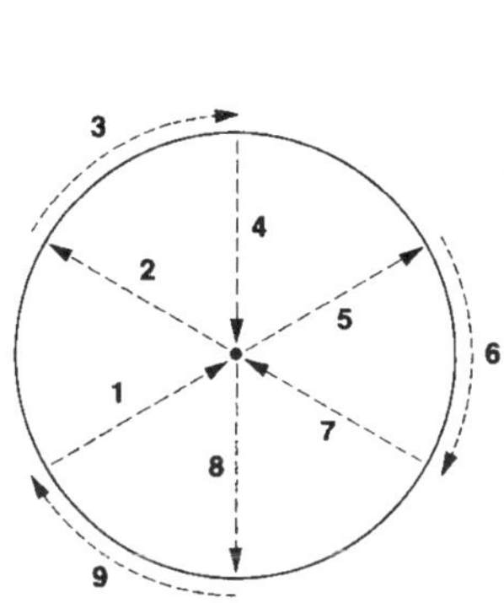

Figura 5: Aproximando-se e afastando-se do centro

o Dragão Nadando de Sun Lu Tang, incorporam aos movimentos do Ba-guá certos movimentos da arte do Hsing-I. Esses movimentos cortam perpendicularmente a circunferência e são incluídos nas Formas por motivos de versatilidade e de combate. Em outras palavras, sob o aspecto marcial do Ba-guá, pode ser útil sair dos movimentos circulares para fazer um ataque direto em linha reta e depois, com a mesma rapidez, cair de volta no movimento circular.

Essas mudanças também treinam o discípulo a adaptar-se mentalmente a uma situação na qual elas seriam necessárias. Se você continuar praticando o Ba-guá e encontrar professores para orientá-lo, vai perceber que as idéias originais foram bastante alteradas e combinadas com outras idéias. Fu Chen Sung, discípulo de Cheng T'ing Hua, foi um artista marcial muito experiente que, depois de treinar muito, criou uma Forma de sua autoria chamada Palma do Dragão de Fu. Alguns dos discípulos diretos do fundador escolheram com preferências certas técnicas específicas do Ba-guá, às quais deram uma ênfase e um desenvolvimento independente, passando os resultados a seus discípulos. É lícito dizer que a maioria das técnicas e Formas originais do Ba-guá dá forte ênfase à permanência no círculo, e que as técnicas circulares são a marca distintiva.

Não obstante, muitos mestres do Ba-guá costumam instruir os seus discípulos, em primeiro lugar, nas técnicas baseadas na linha reta. Isso porque as linhas retas facilitam tanto a aprendizagem quanto a memorização, além de facilitar a própria execução do movimento. O autor deste livro não frisou esse aspecto porque a principal finalidade a que se propõe não é o combate, mas o andar em círculos e a capacidade de encontrar e conservar um centro.

De acordo com a doutrina do Ba-guá, o círculo é "habitado" por oito animais, que têm uma relação formal com certas partes do corpo humano. Veja a tabela à página 129. Portanto, ou o círculo é visto como vazio, repleto apenas de espaço, ou como povoado por várias forças aparentadas às forças que constituem o corpo. O círculo vazio é semelhante à tela virgem do pintor, à espera de ser ocupada pelas cores e formas do seu movimento. O círculo cheio de forças – as forças dos animais, por exemplo – já tem um "modelo" (por assim dizer) preparado para você.

CAPÍTULO 5

Os animais do Ba-guá

O número oito é um número importante na cultura e na filosofia chinesas, e não surpreende que ele seja crucial também no Ba-guá. Existem oito animais, oito trigramas e, nas Formas fundamentais, oito Mudanças da Palma. (Alguns estilos do Ba-guá, como o estilo Yin Fu, dão mais importância às Mudanças do que às Formas.) Os trigramas dispostos em círculo definem as oito direções do espaço: o norte, o sul, o leste, o oeste, e o nordeste, o noroeste, o sudeste e o sudoeste, que correspondem às quatro direções maiores e às quatro direções da bússola, diretamente relacionadas com a ciência do Feng Shui, ou geomancia, que é muito popular.

Os oito animais são:

- a serpente
- o dragão
- o leão
- o falcão
- o urso
- a fênix
- o unicórnio
- o macaco

Os animais forneceram a inspiração para um grande número de artes marciais, métodos de Chi Kung e escolas de Feng Shui. Outros livros e artigos sobre o Ba-guá dão outras traduções para os nomes dos animais, particularmente para o "falcão", que às vezes é substituído pelo nome de outra ave de rapina. Na verdade não há discrepância.

Se você imaginasse esses oito animais dispostos num círculo, cada qual se comportando de maneira característica, certamente testemunharia uma grande diversidade de comportamentos. Como seria estranho e impressionante esse espetáculo! Desconsiderando a natureza mítica do dragão, da fênix e do unicórnio, não há nenhum lugar na terra, exceto na nossa imaginação, em que essa cena possa se formar. Não poderia ela ocorrer na natureza, nem num filme, nem no zoológico, nem num circo. Só a mente humana faria uma tal justaposição. Se você parar um pouco e imaginar essa figura, imaginando os sons, os movimentos e os contrastes, verá que é quase impossível conciliar as oito imagens. Cada qual é aceitável por si; mas se você juntar o urso e o macaco, por exemplo, verá que elas não se encaixam. Juntas, as imagens produzem uma espécie de tensão. Na natureza, cada animal tem o seu próprio domínio, o seu estado de humor, o seu modo de vida. No Ba-guá, eles coexistem no mesmo círculo. A arte do Ba-guá correlaciona-se por meio do movimento.

Não é preciso procurar muito, porém, para encontrar uma unidade que contém em si algo muito semelhante a essa diversidade aparente – o próprio corpo humano. Esse corpo tem uma multiplicidade de órgãos e de sistemas orgânicos igualmente díspares. Os rins filtram e dispõem dos fluidos aquosos; o coração bate e bombeia o sangue; os pulmões fazem as trocas de ar; os testículos e os ovários contêm os elementos de uma nova vida; o fígado limpa o sangue; o tubo digestivo conduz o alimento pelo caminho da digestão; as diversas glândulas lançam suas importantíssimas secreções na corrente sangüínea. Embora todos sirvam ao mesmo fim – a continuação da vida –, cada qual é muito diferente dos outros. Todos estão muito próximos, mas quando a saúde está boa, cada qual funciona sem se impor destrutivamente sobre os demais; antes, cada qual apóia as atividades dos outros.

É característico das artes chinesas, do Ba-guá, inclusive, encontrar analogias entre sistemas diferentes. Por isso, as imagens e a natureza dos oito trigramas, os movimentos do Ba-guá, os órgãos ou regiões do corpo e os oito animais em questão podem ser considerados como um único todo. A visão ocidental das relações entre os fenômenos talvez não se harmonize com a lógica que preside a esse arranjo, mas na cultura chinesa essa abordagem é perfeitamente aceita. Não há necessidade alguma de encontrar elos entre essa lógica e aquilo que chamamos de "provas científicas". No pensamento chinês, o precedente é um elemento muito forte: o que era justo e correto no passado continua sendo justo e correto hoje. Não é preciso ir além da sabedoria dos nossos antepassados e dos antigos. Por acaso nós somos mais sábios do que eles foram? E por aí afora. Embora a China moderna esteja sofrendo mudanças imensas, como todo o restante do mundo, o Ba-guá ainda conserva muitas idéias e doutrinas de épocas passadas.

Cada um dos animais ocupa um lugar específico na história cultural da China. Será interessante e conveniente descrever as características de cada um e explicar de que modo eles figuram no conjunto da cultura chinesa.

A SERPENTE

O ideograma chinês que designa a serpente é supostamente derivado da representação pictórica de uma naja pronta para dar o bote. Ela é um dos animais dos Doze Ramos Terrestres. Estes, por sua vez, são parte de um período de sessenta anos chamado de Ciclo de Sessenta, que é um método de contagem e enumeração dos anos mediante a atribuição de um animal a cada um, empregado especialmente na astrologia chinesa. A serpente é um símbolo da astúcia, quase que da má intenção, mas é encarada com um certo respeito, até mesmo uma certa reverência. Era crença comum que as fadas e duendes transformavam-se em serpentes. Também em outros sistemas de artes marciais encontravam-se Formas ou seqüências de movimento inspirados na serpente. O respeito que se dedica às serpentes não impede que esses animais sejam mortos e usados para a confecção de diversos remédios.

O DRAGÃO

O dragão é o imperador dos répteis. Existem várias teorias acerca do que os dragões eram originalmente, mas é claro que nenhuma delas se apóia em provas históricas. Uma dessas teorias diz que a idéia foi inspirada pelo crocodilo.

O dragão é conhecido pela força, pela agilidade e pela capacidade mágica de se tornar invisível. A bondade é uma das suas características predominantes, característica essa que o distingue dos dragões malignos dos contos europeus. Existem três tipos de dragão: O Lung, que mora no céu, o Li, que mora no mar, e o Chiao, que habita em cavernas e pântanos. À semelhança da serpente, o dragão é um dos animais que compõem os Doze Ramos Terrestres. Desde o ano 206 a.C., no reinado de Kao Tsu, o dragão consolidou-se como o emblema do poder imperial. O trono do imperador, suas roupas e muitos objetos de uso cotidiano no palácio imperial levavam a imagem do dragão. Em época mais recente, Bruce Lee foi apelidado de Pequeno Dragão ou Dragãozinho.

O Kung Fu tem um estilo do dragão, e muitas outras artes marciais têm técnicas do dragão, posturas do dragão e assim por diante.

O LEÃO

Os leões são sagrados para o budismo. Estátuas de leões são encontradas guardando as portas dos templos budistas. Na China, como em outros lugares, o leão é considerado o rei dos felinos. Não existem leões na China, mas existem tigres, e os tigres são mais respeitados. Quando se vai começar um novo empreendimento, realiza-se a dança do leão e a dança do dragão, mas não – que eu saiba – a dança do tigre. Atribui-se aos leões não somente a coragem e a força, mas também um espírito brincalhão. Muitas vezes, nas danças e nos métodos de artes marciais, eles figuram brincando com uma bola. No Ba-guá, essa técnica faz parte das Oito Mudanças da Palma.

O FALCÃO

Nos escritos do Ba-guá podem-se usar como alternativas as palavras *gavião*, *águia* ou ainda outros nomes que se dão às aves de rapina – às vezes até mesmo a expressão genérica *ave predadora*. Provavelmente, o interesse pelos falcões chegou ao auge na época das dinastias mongóis, pois esse povo dava grande valor à falcoaria. O falcão era considerado um bicho corajoso e de excelente visão. Aparece constantemente como elemento da decoração pictórica, em bandeiras, por exemplo. As penas do falcão eram consideradas eficazes para a cura da varíola. Os sinais distintivos desse animal são a velocidade e a mais absoluta precisão de movimento.

O URSO

Nas artes marciais chinesas, o urso tem uma natureza multifacetada. Por um lado, é forte, equilibrado e estável nas posturas, lento e pesado, mas capaz de se mover com rapidez quando necessário. Por outro lado, pode ser brincalhão. É famoso pela coragem. Como símbolo, figura nos talismãs empregados contra os ladrões e arrombadores. Faz parte da seqüência dos Cinco Animais do Chi Kung, o que mostra o quão antiga é a sua presença nesse campo. Embora dotado de tantas qualidades elevadas, o urso não deixa de fazer parte do enorme rol de comidas chinesas: suas patas são consideradas uma iguaria das mais desejáveis.

A FÊNIX

Esta ave mítica só surge em tempos de paz, quando o povo prospera. É uma das quatro criaturas inteligentes e sobrenaturais da cultura chinesa (a primeira é o dragão, a segunda é a fênix, a terceira é o unicórnio e a quarta é a tartaruga). Seu domínio é o sul, a direção mais quente, pois a fênix mesma é considerada filha do Sol. Ao passo que as vestes do imperador tinham a insígnia do dragão, as da imperatriz tinham a da fênix. Só uma fênix se deixa ver a cada vez. Quando o país mergulha na desordem, ela desaparece. Portanto, a paz e a tranqüilidade são estados essenciais para a presença da fênix.

O UNICÓRNIO

Símbolo da longevidade, da grandeza e da felicidade, o unicórnio teria o poder de andar sobre as águas. Um unicórnio apareceu pouco antes da morte de Confúcio, e, durante o reinado de Fu Hsi, o primeiro imperador legendário, um unicórnio saiu do Rio Amarelo tendo sobre as costas o desenho de um mapa místico, a partir do qual desenvolveu-se toda a linguagem escrita da China. Seus sinais característicos são a suavidade e a benevolência. Como a humanidade decaiu muito desde a época dos sábios da China, não se vêem mais unicórnios sobre a terra. Eles eram representados nas vestes dos oficiais militares da corte imperial.

O MACACO

Os artistas marciais conhecem bem o estilo do macaco no Kung Fu. Há o macaco embriagado, o macaco de pedra e o macaco do Chi Kung dos Cinco Animais. Esse animal é considerado feio e trapaceiro. Como um macaco ajudou a proteger alguns textos sagrados budistas na viagem para a China, o imperador da época elevou o bicho à categoria de divindade, outorgando-lhe o título de "Grande Sábio Igual ao Céu". Era a ele que as pessoas rezavam quando pediam a expulsão dos espíritos malignos. O macaco pode atrair a saúde, a proteção e o sucesso. Nas artes marciais, sua agilidade, sua velocidade e sua fantástica destreza física são legendárias.

CAPÍTULO 6

IMPULSO, SUPERVISÃO, INÉRCIA

Nas artes marciais do Tai Chi e do Wing Chun, há um exercício de "aquecimento" usado para relaxar os ombros e os braços. Embora não seja executado exatamente da mesma maneira nessas duas artes marciais, as semelhanças são suficientes para permitir uma comparação; sob uma forma modificada, ele pode ser empregado para estimular o relaxamento nos passos giratórios do Ba-guá. Na Figura 6, o aluno está na posição do cavalo – as pernas imóveis, o peso centralizado, o tronco girando para a esquerda e para a direita. Os braços giram na mesma medida em que recebem o impulso do movimento do tronco, e não pelo uso dos músculos dos ombros e dos próprios braços.

Minha experiência de professor me diz que essa explicação jamais será suficiente! A maioria dos alunos é incapaz de relaxar completamente os braços e os ombros. O uso habitual dos músculos dos braços em toda e qualquer atividade na qual os braços se mexem dificulta o relaxamento. Por isso, deixe os braços cair como se estivessem "mortos", e os ombros idem. Gire a cintura e o tronco e deixe os braços girar livremente. Se você girar devagar, eles quase não se movimentarão. Com mais velocidade, eles girarão a uma

Figura 6: Exercício de rotação na postura do Cavalo

Figura 7: Rotação com os passos em V e em T

altura muito maior. Tome cuidado para não exagerar, senão você pode distender os músculos dos quadris e da parte inferior das costas. Não gire os joelhos nem os tornozelos. Deixe que as pernas e a parte inferior do tronco imprimam força à ação, e deixe que só a parte de cima do tronco gire.

Quando você "pegar o jeito" desse exercício, adapte-o de modo a transformá-lo na seguinte série de Ba-guá. Em vez de ficar estático na posição do cavalo, gire o corpo inteiro sem sair do lugar, usando algo parecido com o passo em V e o passo em T exterior – veja a Figura 13. Relaxe os braços como no exercício estático. Você verá que eles "voarão" para os lados como a roupa lavada no varal num dia de vento. Faça uma rotação para a esquerda, 180 graus, e uma para a direita. Repita. Veja a Figura 7.

Quando você chegar ao fim de cada rotação de 180 graus, os braços, quando adequadamente relaxados, devem cair ao lado do corpo. Se não caírem, isso quer dizer que você está sustentando o peso deles com os músculos dos ombros e dos próprios braços. Ao girar com os passos em V e em T, abaixe um pouco, dobrando os joelhos, para pegar mais impulso e manter o equilíbrio. Quando conseguir reproduzir satisfatoriamente esse movimento, procure concentrar-se cada vez mais em relaxar *enquanto gira*. Começará então a perceber diretamente de que modo a parte de baixo do corpo pode estar cheia e forte enquanto os braços e a parte de cima do corpo permanecem leves e vazios. Olhe para o horizonte e mantenha a cabeça erguida.

Quando pensamos nos braços girando livremente da maneira descrita, uma das imagens que nos vêm à mente é a do chapéu mexicano num parque de diversões. Quando o chapéu mexicano está parado, as correntes ou hastes que seguram as cadeiras permanecem na vertical, como os seus braços. Quando o eixo central – seu corpo – começa a girar, as cadeiras começam a afastar-se do centro. À medida que a velocidade do eixo aumenta, as cadeiras afastam-se ainda mais. Quando a velocidade atinge por fim um patamar constante, o ângulo entre as correntes e o eixo permanece igualmente constante. As correntes não têm energia própria, só a que vem da rotação do eixo. Por isso, pode lhe ser útil imaginar que seus braços são as correntes e cadeiras num chapéu mexicano. Porém, ao diminuir a velocidade, cuide de deixar que os braços relaxem e caiam. Eles se abrem *para fora* graças à rotação do corpo, e voltam *para dentro* quando a rotação diminui e pára.

Quando você estiver contente com o seu desempenho nesta primeira etapa, passe à etapa seguinte. Trata-se agora de levar os braços a uma posição determinada e tirá-los dessa posição, valendo-se principalmente do impulso que vem da rotação mas, desta vez, com um pouco mais de supervisão. Começamos com os braços num estado de *inércia*; deixamos que eles tomem *impulso* sem nos preocupar com a posição deles; mas, quando estamos interessados na posição dos braços, precisamos de *supervisão*.

Inércia – Impulso – Supervisão

São esses os três fatores principais. No primeiro exercício, só a inércia e o impulso eram necessários para os braços, e o bom desempenho era possibilitado pela tensão nas pernas e na parte inferior do tronco e pelo relaxamento dos braços. Agora precisamos dos mesmos dois fatores, e mais a supervisão. A supervisão tem como objeto a posição dos braços e dos ombros e envolve, não somente o relaxamento, mas um equilíbrio consciente de relaxamento e tensão. Você já deve ter percebido que os exercícios deste capítulo exigem um grau muito maior de consciência do estado do corpo do que o grau a que estamos acostumados. Quando nos sentamos para meditar, o corpo permanece inativo e é relativamente fácil concentrarmo-nos nele. Quando praticamos um Tai Chi bem lento, essa concentração já se torna mais difícil. Neste segundo exercício, ela se torna francamente dinâmica. Será necessário praticar muito.

Gire num círculo bem fechado ou um pouco mais aberto, dependendo da sua confiança e alternando, da mesma forma, os passos em V e em T. Passo em V ao virar os pés para dentro e passo em T externo ao virar os pés para fora.

1) Ao girar e ganhar impulso para a direita, no sentido horário, deixe os braços assumirem a postura básica do Ba-guá, a postura do Dragão, como na Figura 8. Não levante os braços; deixe que eles se levantem pela ação do corpo, e *supervisione-os* até que cheguem à posição.
2) Dê três ou quatro voltas na mesma direção e deixe que o giro do corpo conserve o impulso dos braços, levando-os "adiante" de você para a direita.
3) Pare num passo em V e deixe os braços prosseguir um pouco no movimento para a direita. Por fim, use a musculatura para detê-los e comece a fazer voltas para a esquerda, no sentido anti-horário.
4) Prossiga dessa maneira.

Figura 8: Elevando as mãos na postura do Dragão

A tensão necessária para manter os braços na posição é mínima. Frise na sua mente a necessidade de relaxar; tenha consciência do relaxamento. A própria forma que os braços assumem se encarrega de dar-lhes a tensão necessária.

Continue praticando este exercício no decorrer de vários dias, com regularidade, e perceba nele o que há para perceber. Acrescente então o que vem a seguir.

1) Repita o mesmo exercício; mas, ao mudar de direção, deixe a mão que está no alto baixar num movimento suave, passar pela frente do abdômen e assumir a posição baixa da mão: veja as Figuras 9 e 10.

Figuras 9 e 10: A mão passa do alto para baixo

2) A tensão permanece mais ou menos constante na mão que está embaixo no primeiro giro e que vai para o alto no segundo. Já no que diz respeito à mão alta no primeiro giro – que vai para baixo no segundo –, sua tensão muda durante a mudança de direção. Quando você muda, seus braços podem relaxar e, só com o impulso, fazer movimentos suaves para baixo e para cima. A supervisão só se refere à direção que eles tomam: para baixo ou para cima.

Esta parte do segundo exercício lhe mostra como efetuar uma *mudança* com o mínimo esforço. Ela sintetiza o antigo adágio do Jujutsu e do Judô: "O máximo resultado, o mínimo de esforço." Diga-se, aliás, de passagem, que, nas artes marciais, um membro relaxado caminha muito mais rápido que um membro tenso (como no ato de dar um soco, por exemplo). Sob este aspecto, o problema dos artistas marciais é que, como a principal preocupação deles é a luta, sua própria atitude mental trabalha contra o relaxamento, na medida em que, no geral, o espírito de luta é concebido como algo que se baseia na tensão. Mas essa é outra história.

Passemos ao terceiro exercício. De novo queremos produzir mudanças, *durante o movimento*, valendo-nos do impulso e não do uso excessivo dos músculos.

1) Assuma, durante a rotação, a posição que já mostramos na Figura 8. Conserve essa posição no decorrer de várias rotações em sentido horário; depois, inverta o movimento das pernas.

2) Ao fazer isso, faça com que a mão que está no alto passe à frente do corpo, virando a palma da mão para cima, como na Figura 11; ao mesmo tempo, ponha a mão que está embaixo sob o outro braço, com a palma para cima.
3) Girando ainda na mesma direção, traga a mão alta para baixo e deixe que a mão baixa, num movimento de impulso, vá para cima e para longe do corpo, com as palmas na vertical, como na Figura 12.

Com o tempo, você vai perceber que este exercício não passa de uma versão especial da Mudança da Palma Simples, adaptada para servir aos nossos propósitos. Ao desenvolver a capacidade de fazer este último exercício baseando-se principalmente no impulso, você vai perceber que a mudança na posição dos braços e das mãos no momento em que se muda a direção da rotação dá aos braços – e especialmente à mão que vai para o alto, afastando-se do corpo – um impulso adicional. O fato de ela ser trazida para bem perto do corpo, como se estivesse sendo "deixada para trás", e de ter depois de "correr atrás do prejuízo", lhe dá uma força bem maior quando chega à nova posição. Mudando de uma posição de braços do Ba-guá para outra, você pode, no momento em que quiser, fazer essas experiências por si mesmo.

Se examinamos detidamente o ato de girar numa direção e depois em outra, vamos ver que os momentos de mudança de direção são quase mais importantes que o próprio giro. É difícil quantificar isso, mas o momento de mudança me parece crucial. Se esquecermos os braços por

Figura 11: Giro com as palmas para cima

Figura 12: Palmas na vertical

um tempo e prestarmos atenção simplesmente aos movimentos das pernas e dos pés, veremos que os pés podem terminar a seqüência num passo em V ou num passo em T aberto: veja a Figura 13. Além disso, o peso pode estar concentrado numa perna, concentrado na outra ou distribuído entre as duas. A pergunta é a seguinte: qual dessas opções nós preferimos, e por quê?

Se o corpo estiver girando para a direita, quando os pés pararem o peso estará naturalmente sobre o pé direito, esteja você num passo em V, esteja num passo em T. Os pés param, o corpo continua a girar até que você o pare, e então começa o giro para a esquerda. O pé esquerdo vai à frente. É mais conveniente e natural, portanto, que o peso esteja no pé direito ao fim da rotação para a direita, e no pé esquerdo ao fim da rotação para a esquerda.

Quando os pés param, o tronco e os braços continuam a girar um pouco em virtude do impulso. Este ponto pode ser um objeto de estudo: podemos nos perguntar o quanto devemos deixar que eles girem até pará-los e mudar de direção. Não há dúvida de que existe uma equação inequívoca – por assim dizer – na qual a continuidade da rotação é proporcional ao impulso. Isso significa que a continuidade da rotação precisa ser supervisionada. E essa supervisão também depende da aptidão do aluno.

A meu ver, essas questões estão na medula dos movimentos do Baguá, e não nos importa saber se os antigos mestres as expressam, ou não, usando essa mesma linguagem. O que importa é que nós as proponhamos a nós mesmos e façamos o possível para obter uma respos-

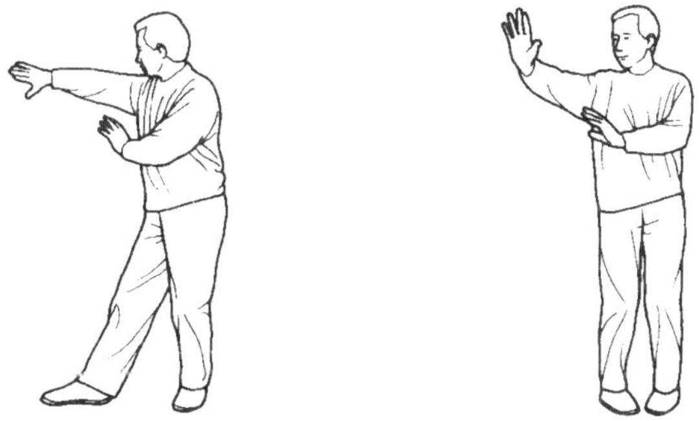

Figura 13: Passos em V e em T aberto

ta. Percebo com clareza que, nas diversas Mudanças das Palmas, os antigos mestres usaram várias posições e movimentos dos braços e do tronco associadas aos movimentos das pernas e dos pés para suavizar ao máximo as mudanças na direção da rotação. Sob este aspecto, o papel central do *tantien* ou centro de gravidade, no baixo abdômen, pode ser compreendido simplesmente como o de um foco de forças mecânicas, e não como o de um foco de *chi* ou um centro de equilíbrio psicológico. Trata-se, porém, de uma questão que depende da preferência individual.

Quando o corpo gira da maneira descrita neste capítulo, o momento de parada, seguido pela mudança de direção, revela o *tantien* como um ponto de imobilidade, enquanto o peito, os braços, os ombros e a cabeça continuam a mover-se por um breve tempo. Quando a rotação muda de direção, o foco de concentração é de novo o *tantien*; e ele continua sendo durante a própria rotação. É este último ponto que o Baguá tem em comum com certas outras artes marciais, como o Judô, Aikidô, o Tai Chi e o Hsing-I. Por mais que elas sejam diferentes sob todos os outros aspectos, todas elas estudam a *inércia*, o *impulso* e a *supervisão* que giram em torno do centro do baixo abdômen. Ele pode ser um foco, um ponto firme, seja qual for o sistema de Ba-guá com o qual você depare.

CAPÍTULO 7

BA-GUÁ CHANG: AS MUDANÇAS

Como andar no círculo

Vamos começar de baixo: pelos pés. Há três maneiras básicas pelas quais eles podem ser colocados no chão – primeiro a ponta do pé, a sola toda de uma vez ou primeiro o calcanhar. Experimente cada uma delas, primeiro andando em linha reta e depois um círculo de, digamos, dois metros a dois metros e meio de diâmetro. Simplesmente observe o que acontece e como você administra os músculos e o senso de equilíbrio. Depois faça a mesma coisa com os braços abertos para os lados, ligeiramente flexionados, como na Figura 14.

Se você andar bem devagar, será capaz de notar as mudanças que lhe acontecem no corpo e o modo pelo qual seus músculos se adaptam às diferentes formas de suportar o peso. Os mesmos músculos são utilizados, mas numa ordem diferente.

Método A: a ponta do pé encosta primeiro no chão
Método B: o pé avança por inteiro para a frente e para o chão
Método C: o calcanhar encosta primeiro no chão

Figura 14: Postura do Dragão subindo das águas

Varie o Método A, às vezes estendendo os dedos dos pés, às vezes contraindo-os. O método A possibilita uma velocidade maior para a frente, quase como numa corrida. O Método B proporciona maior solidez ou firmeza. O método C, o mais cauteloso, facilita ao máximo a retirada do pé para evitar que ele seja puxado pelo pé ou pela perna de um adversário. Eu aprendi primeiro o Método B, e é ele que eu prefiro. O Método A pode ser bastante cansativo, e o C é o mais lento. Pelo que sei, os três métodos são usados no Ba-guá; com efeito, certos mestres, quando em alta velocidade, pareciam andar sobre as bordas dos pés, como se fossem patins de gelo! Você há de lucrar se dedicar algum tempo a esta questão de como colocar os pés. Não ceda à tentação de passar correndo aos movimentos de braços, que são mais "interessantes". Comece de baixo. Anda-se em linha reta antes de se andar em círculo porque o caminhar na reta é mais fácil e não obriga você a prestar atenção no círculo enquanto se concentra num determinado movimento ou uma determinada técnica.

Depois de passar algum tempo seguindo essas sugestões e de descobrir algo por si mesmo, faça uma coisa um pouquinho diferente. Veja a Figura 15. Você vê duas linhas ligadas por dois semicírculos. Comece a andar do ponto X, seguindo em linha reta; ao chegar ao ponto Y, faça uma curva; no ponto Z, retome o movimento em linha reta; depois faça nova curva para voltar ao início. Faça essa caminhada nos dois sentidos. Embora seja chamada "arte de andar no círculo", o Ba-guá usa movimentos em linha reta – ao que parece, especialmente os que foram "emprestados" da arte marcial chamada Hsing-I. A alternância de curvas e linhas retas já vai familiarizar você desde logo com essas variações.

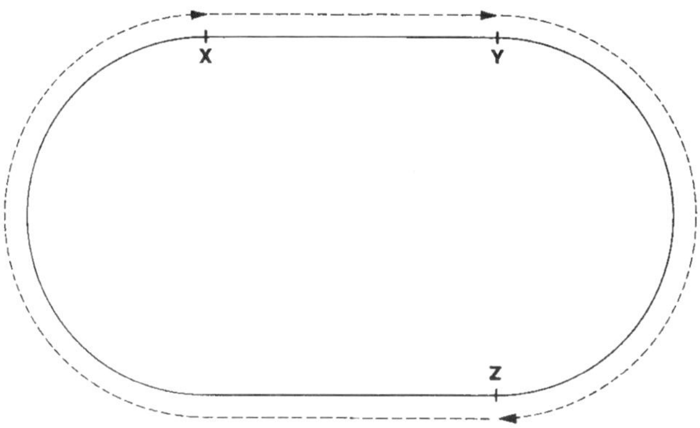

Figura 15: Combinação de círculo e linha reta

Como outros estudantes do Ba-guá, eu também passei bastante andando no círculo e variando o modo de pôr os pés no chão. No fim, eu vim a gostar mais de uma variante do Método B que pode ser descrita como um passo "acolchoado", que se assemelha ao modo pelo qual um tigre ou um leopardo caminham pela selva. Esse passo está ligado à idéia de *caminho* e à de uma coisa *macia*, como uma almofada. O pé como que cede um pouco, ou se afofa, quando encosta no chão. Esse passo não será adequado para todos. Cada pessoa tem um físico, bem como um temperamento, diferente. Na fita de vídeo em que Ji Jian Cheng demonstra a Forma do Dragão Nadando, vemos que ele avança deslizando os pés pelo chão segundo o Método B. Essa forma vem diretamente de Sun Lu Tang. No começo ele exige bastante do abdômen e das coxas, mas o esforço é largamente compensado quando os efeitos das ações vigorosas são neutralizados pelo treinamento. Pelo menos, foi isso que aconteceu comigo quando estudei com ele. Ao andar, qualquer que seja a velocidade, lembre-se de manter o joelho, a canela e o pé na mesma linha. Além disso, não deixe o joelho projetar-se muito para a frente dos dedos do pé. Se você nunca praticou artes marciais antes, siga este conselho, pois é possível que o seu corpo nunca tenha se movimentado dessa maneira, o que aumenta o risco de um deslocamento das articulações. Os artistas marciais experientes já sabem disso muito bem.

Depois de exercitar-se segundo a Figura 15, experimente caminhar em círculos e em linha reta inventando as suas próprias figuras geométricas. Tente, por exemplo, dar quatro passos à frente e depois quatro passos numa curva de raio amplo; depois mais quatro em linha reta e

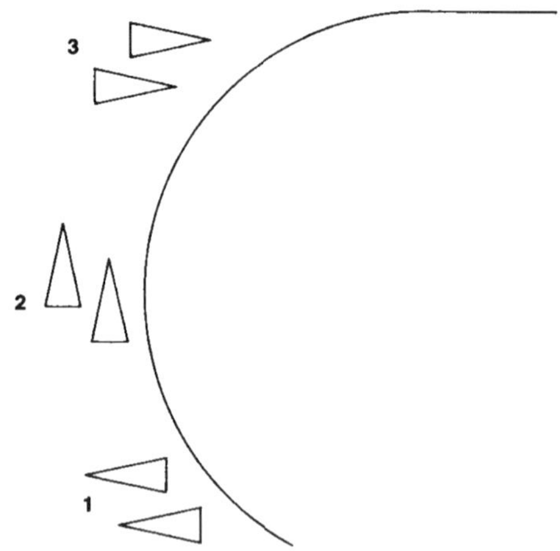

Figura 16: Posição dos pés em relação ao círculo

mais quatro numa curva fechada; e assim por diante. Relaxe a parte de cima do corpo e sinta que o abdômen e as pernas estão firmes e fortes. A cabeça fica ereta e os braços afastados do corpo, como se houvesse duas grandes bolas entre eles e o tronco – mas tudo isso com o mínimo de tensão. Varie a velocidade e até mesmo o ritmo. Respire naturalmente pelo nariz. Se você for uma pessoa observadora, provavelmente lhe surgirão várias questões.

Uma delas dirá respeito ao ângulo que os pés formam em relação à linha. Observe a Figura 16. Ela representa três modos de andar seguindo uma linha curva. No Método 1, os pés estão voltados para longe da linha; no Método 2, eles estão paralelos à linha; e, no Método 3, estão voltados para a linha. Os três métodos podem ser usados no Ba-guá e não dependem de uma pura e simples improvisação. Por isso, se você quer saber que método usar, o melhor talvez seja experimentar os três! Também neste caso você pode vir a optar por um deles. Outra pergunta: qual deve ser a distância entre os tornozelos quando um pé passa à frente do outro? Mais uma vez, a resposta é: experimente. Alguns praticantes chegam a encostar um tornozelo no outro quando dão o passo.

Depois, ande num círculo completo. Comece com um círculo largo – digamos, de 2,5 a três metros de diâmetro ou ainda maior. Depois de completar uma volta, simplesmente gire o corpo e ande no sentido contrário. O comprimento dos passos deve ser sempre o mesmo e o ritmo, constante. Até agora, você não fez nada com o tronco, a não ser deixá-lo ereto e relaxado. Mude isso agora. Se você estiver andando em sentido horário (virando para a direita), gire a cintura para a direita – isto é, o tronco vira um pouquinho na direção do centro do círculo. Fique assim por alguns passos e depois, relaxando o tronco, volte-o de novo para a frente. É possível que os músculos abdominais logo se ressintam desse esforço, mas o treinamento regular fará você acostumar-se com ele. Ao girar a cintura, o tronco inteiro, os ombros e a cabeça giram junto com ela. Você passa a olhar o centro imaginário do círculo. Mude o sentido do movimento para variar o esforço muscular. Quanto mais fechado o círculo, mais se exige dos músculos. Se você tiver bastante espaço para treinar, vá de um círculo bem grande até um bem pequeno, de cerca de um metro de diâmetro.

Posições Clássicas dos Braços

Há várias posições dos braços para andar no círculo, cada uma das quais é suscetível de diversas variações quanto aos detalhes. Alguns mestres são inflexíveis no que diz respeito aos detalhes e exigem dos alunos que limitem-nos com exatidão. Um dos bons motivos que você tem para obedecer quando alguém lhe dá uma instrução direta como essa é que você aprenderá pelo menos uma seqüência de movimentos corretamente, de acordo com um mestre. Se mais tarde você quiser in-

Figura 17: Postura do Dragão

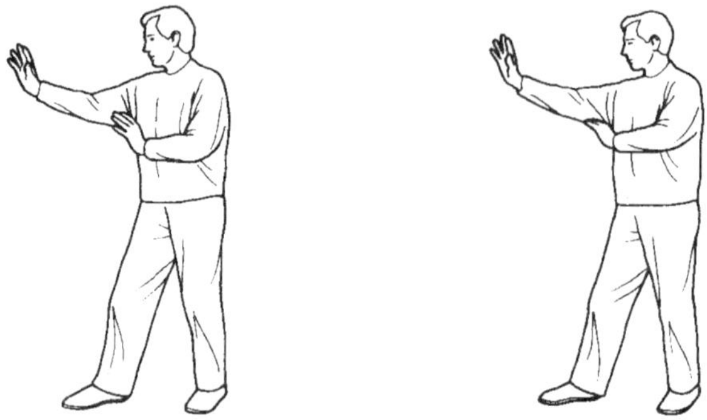

Figura 18 e 19: Variações da postura do Dragão

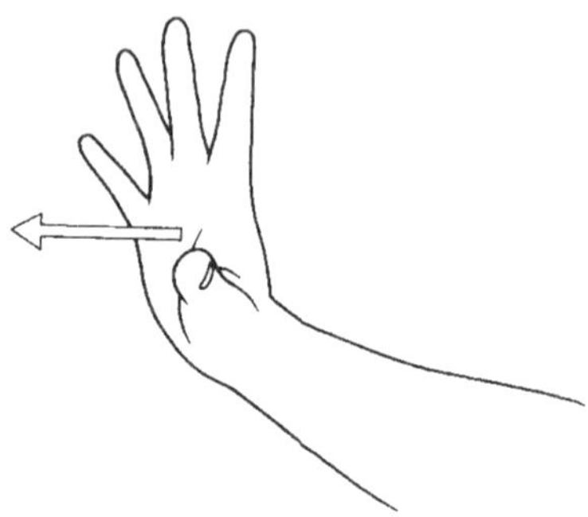

Figura 20: Posição da palma da mão e dos dedos

troduzir variações nas posições, terá uma base firme a partir da qual começar. Se não há nada que você saiba com certeza, você não tem nada em que se basear.

Os mestres desenvolvem suas próprias técnicas por diversas razões, entre as quais destacam-se as noções acerca do fluxo do *chi*, as aplicações das artes marciais, o tipo físico e o temperamento. Mostramos a seguir uma boa base a partir da qual poderá desenvolver adaptações se entrar num curso de Ba-guá e alguém lhe pedir que mude os detalhes do que você está fazendo. Examine a postura do Dragão representada na Figura 17. O braço baixo fica afastado do corpo na altura da articulação central. As Figuras 18 e 19 são variações. No método de Sun Lu Tang, todo o antebraço fica afastado do tronco. Os dedos estão abertos, a palma da mão forma uma leve concavidade e as articulações da base dos dedos não ressaltam da mão – ou seja, os ossinhos que normalmente sobressaem quando cerramos o punho não interrompem, neste caso, a linha suave que a mão forma com os dedos. O dedo indicador da mão alta fica mais ou menos vertical; mesmo que não fique, deve ficar mais alto que os outros três. Estes vão ficando progressivamente mais baixos até o dedo mínimo: veja a Figura 20. Minhas observações e experiências indicam que, ao que parece, não há uma regra rígida para essa posição básica da mão, que às vezes é chamada de Palma da Língua de Boi e está demonstrada em antigas fotografias de Fu Chen Sung e dos discípulos de Kuo Chi-fung. Quando está aprendendo com um professor, você simplesmente faz o que ele lhe manda fazer (dentro dos limites da razão, é claro) e, mais tarde, decide o que você vai incorporar ao seu próprio treinamento.

Procure andar em linha reta, girar a cintura para a direita e começar a colocar o braço em alguma das posições representadas acima, num ângulo reto ao corpo. Eis alguns pontos aos quais você deve estar atento:

- a mão baixa deve apontar para o cotovelo direito, ou protegê-lo por baixo;
- o cotovelo esquerdo (neste caso) deve estar afastado do corpo;
- não cerre o punho de nenhuma das mãos.

Mova os braços horizontalmente para a esquerda. A mão baixa torna-se a mão alta e vice-versa. Este é somente um exercício, e não um método de mudança das palmas. Passe então a andar de novo no círculo. Se você estiver andando no sentido anti-horário (guinando sempre para a esquerda), a mão esquerda estará no alto e apontando para o centro. Ao andar, você pode variar o modo pelo qual avança os pés – os dedos primeiro, o pé por inteiro ou o calcanhar primeiro, como já mostramos –, e pode também fazer com que os pés sigam paralelos à circunferência, voltados para ela ou para o outro lado. Se você prestar atenção aos detalhes, essa série de variações lhe dará bastante material para estudo, suficiente, na verdade, para algumas semanas.

Pode ser que surjam algumas dúvidas, como, por exemplo, em relação à posição das escápulas. Alguns mestres dizem que as escápulas devem voltar-se para a frente e para os lados de modo que a pele das costas fique tesa como um couro de tambor. De qualquer modo, é certo que as escápulas não devem ser puxadas para trás e para dentro, na direção da coluna. Outro princípio, também passível de experimentações, é o de que os músculos *latissimus dorsi* – que descem pelos lados do tronco a partir das axilas – devem estar contraídos, puxando os ombros para baixo. Porém, não se deve fazer isso continuamente, pois a respiração pode ficar prejudicada.

Outras dúvidas ainda podem surgir, ligadas à função das três posições dos pés: voltados para dentro, voltados para fora ou paralelos à linha. Os motivos dessas posições então ligados ao que elas permitem que você faça em seguida. Voltando os pés para fora, você se prepara para executar qualquer técnica que exija que você se afaste do centro do círculo. Pondo os pés paralelos ao círculo, você se prepara para fazer mais movimentos sobre essa linha. E, voltando-os para dentro, você fica apto a entrar no círculo enquanto executa variações de movimentos de braço e de corpo.

Se você dedicar algum tempo a esse tipo de reflexões enquanto estiver treinando, compreenderá muito melhor o que está fazendo do que se limitar-se às instruções, como um robô! O pensamento terá influência sobre seus movimentos e darão uma forma mais perfeita, um sentido de finalidade. Você começará a refletir acerca dos objetivos do movimento, daquilo que no Karatê se chama *bunkai*: a aplicação das técnicas de um *katá*.

Este livro não trata de nenhum estilo de Ba-guá em particular. É uma introdução geral que, segundo creio, dará a você uma boa base. Conceba o centro do círculo como um adversário ou, senão, como um foco de atenção. Você se concentra nesse foco. Procure aplicar tudo o que foi dito acima em círculos pequenos, médios e grandes, no sentido horário e no anti-horário. Depois passe à etapa seguinte.

Como Mudar de Direção

Ba-guá Chang está ligado à mudança, à execução de mudanças, segundo a inspiração de *I Ching*, o *Livro das Mutações*. Os elementos básicos da arte são as oito Mudanças das Palmas. Também aqui temos variações de estilo, mas a variedade pode ser interessante. Este livro apresenta uma variante baseada nas mudanças empregadas nos modernos programas de treinamento de *Wushu*. Na verdade, ela parece ter sido calcada no Estilo Fu Antigo de Fu Chen Sung, um mestre de segunda geração. Para começar, ela subdivide as mudanças num número maior de etapas, ao passo que outros estilos usam etapas ou até mesmo giros completos do corpo. Essa característica é boa para o iniciante, que poderá treinar o correto posicionamento dos pés e será capaz de experimentar por si mesmo quando usar o passo em V ou o passo em T. (Os nomes ligados aos animais aparecem sob várias ilustrações.)

PRIMEIRA MUDANÇA

A primeira Mudança da Palma nos ensina a virar em direção ao centro do círculo; depois no sentido oposto; depois em direção ao centro de novo, para andarmos no sentido oposto. Isso significa que, se você estiver andando no sentido horário, guinando para a direita, com a mão direita no alto, você deve girar para a direita até estar olhando para fora do círculo e então começar a caminhar no sentido anti-horário, com a mão esquerda no alto.

1) Ande no círculo no sentido horário: Figura 21.
2) Quando o pé direito estiver à frente, leve o pé esquerdo à frente dele, como que circundando-o, para fazer um passo em V, Figura 22, voltando o corpo inteiro, como um todo, para a direita.
3) Aproveite o impulso que você já ganhou para girar o corpo ainda mais para a direita, dando com o pé direito um passo curto nessa direção. Figura 23. O corpo inteiro se move como uma unidade. Ao

Figura 21: O Dragão Negro gira a cabeça para a direita

Figura 22: Passo em V

Figura 23: Passo em T

Figura 24: O Dragão Negro vira para a esquerda

Figura 25: Virando para a esquerda

mesmo tempo, afaste a palma direita de você na horizontal. Olhe sempre para a mão direita.

4) Não perca o impulso do giro. Continue a girar, trazendo o pé esquerdo à frente de modo que forme com o direito um passo em V: Figura 24. Ao mesmo tempo, lance a palma da mão esquerda sob a axila direita, mantendo-a sempre afastada do corpo. Essa "enfiada" da mão esquerda se faz com uma ação giratória do antebraço no sentido longitudinal, de modo que a palma da mão fique virada para cima, voltada para a parte de baixo do braço direito.
5) Comece a girar todo o corpo para a esquerda, Figura 25. Volte a palma direita mais para você, direcionando a aresta exterior dela (a do dedo mínimo) para o centro do seu corpo, e ao mesmo tempo leve a mão es-

querda para cima fazendo-a passar da direita para a esquerda do corpo, a uma curta distância do tríceps e do cotovelo do braço direito.

6) Continue a voltar o corpo para a esquerda, para o centro do círculo. Levante mais a mão esquerda, mantendo a palma direita perto da parte anterior do braço esquerdo, e comece a voltar para longe do seu corpo as arestas exteriores (do dedo mínimo) de ambas as mãos: Figura 26. Ao mesmo tempo, vá abaixando as palmas até chegar à posição indicada na Figura 27. O pé esquerdo dá um passo à frente e à esquerda ao longo da linha do círculo enquanto você baixa as palmas.

Os conhecedores do Tai Chi podem comparar este movimento ao Bela Senhora Trabalha com a Lançadeira, ao estilo Yang, para saborear a semelhança que existe entre ele e a Mudança da Palma Simples (nossa primeira Mudança da Palma). Há semelhanças com ainda outros movimentos, mas vou deixar a cargo dos leitores a tarefa de descobri-las.

Eis alguns pontos aos quais você deve estar atento no movimento da primeira Mudança da Palma:

- Combine a ação da cintura e a ação dos pés; não as separe.
- Quando a palma da mão direita estiver na horizontal, não levante o cotovelo direito; deixe-o pender bem para baixo.
- Ao girar de volta para a esquerda, aplique uma forte ação giratória longitudinal a ambos os antebraços, voltando bem as arestas exteriores das palmas na direção do seu corpo.
- Não cerre os punhos ao mover as palmas.

Figura 26: Continuação do giro à esquerda

Figura 27: Primeiro passo da caminhada no sentido anti-horário

Explore e experimente muitas vezes a primeira Mudança da Palma, como se você tivesse um professor a cobrá-lo. Busque a coordenação. Observe que, de início, você imprime sobre o corpo uma ação giratória à esquerda (ou à direita), e procure descobrir qual é a melhor maneira de iniciar o movimento de volta no sentido oposto. Quando você gira, o abdômen e o umbigo ficam exatamente na mesma altura? E a caixa torácica? Ou será que, ao girar, você os leva um pouquinho para baixo, depois para cima, depois gira, levantando um pouquinho a caixa torácica ao mesmo tempo? Qual é o papel desempenhado pelas coxas e os joelhos? Experimente e descubra o que funciona para você.

Duas outras dicas antes de passarmos à Dupla Mudança da Palma. A primeira é uma variante do passo simples, agora que você já está mais hábil. Usando o Método B, procure encostar o pé no chão à sua frente "vazio", ou seja, sem apoiar sobre ele nenhum peso, e depois escorregá-lo uns vinte ou trinta centímetros mais à frente antes de transferir o peso para ele. Esse método acaba por fazê-lo ganhar velocidade e distância e, por isso, é usado nas fugas e aproximações. A segunda dica é a de juntar um pouquinho os joelhos ao avançar e ao fazer o passo em V.

ROTAÇÃO

Todos esses pormenores, somados, tornam acessíveis a primeira Mudança da Palma. Quando você estiver bem à vontade com esse método, já pode introduzir as rotações. Em vez de dar o primeiro passo em V para ficar voltado para o meio do círculo, faça o seguinte: se estiver andando no sentido horário, dê um passo com o pé direito e, ao avançar o esquerdo, gire *sobre* o pé direito em 270 graus, isto é, três quartos de círculo. Com isso, estará voltado para o sentido oposto *e* para fora do círculo. Faça com os braços os mesmos movimentos que fez quando deu os passos em V, mas mais rápido e em sincronia com a rotação. Depois, dê um passo para o lado com o pé esquerdo ao longo da linha do círculo de modo a começar a andar no sentido anti-horário.

Essa ação rotativa é uma preparação para o método final. Andando de novo no sentido horário, dê um passo com o pé direito, rode sobre ele e dê uma volta com o pé esquerdo descrevendo com ele a figura de um "gancho", fazendo-o pousar direto sobre a linha da circunferência: veja a Figura 28.

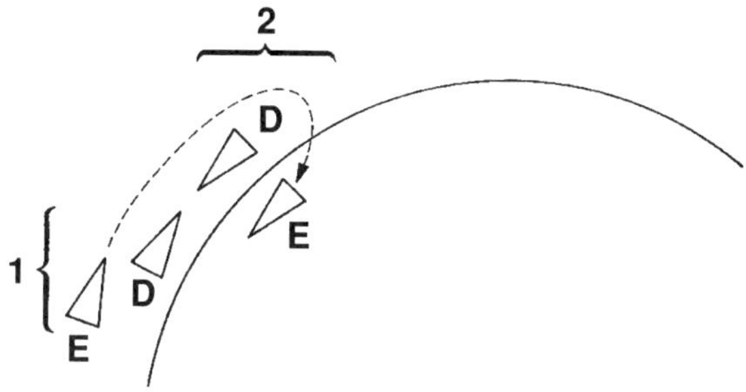

Figura 28: Rotação para a mudança de sentido

SEGUNDA MUDANÇA

A segunda Mudança – a Dupla Mudança das Palmas – começa e termina como a Mudança das Palmas Simples, mas tem outros movimentos no meio. Volte ao primeiro método de caminhada como se fosse executar a primeira mudança, andando no sentido anti-horário, guinando para a esquerda, com a mão esquerda no alto e voltada para o centro do círculo. Dê um primeiro passo em V em direção ao centro, depois dê um passo para o lado com o pé esquerdo e faça um segundo passo em V voltando-se para o sentido oposto ao do centro. Até aqui trata-se dos movimentos da Primeira Mudança das Palmas. Em seguida, coloque o pé esquerdo alguns centímetros para trás de você de modo que os dedos desse pé fiquem próximos do calcanhar do pé direito e o calcanhar do pé esquerdo fique ligeiramente levantado: Figura 29. Ao dar esse passo, gire o corpo um pouquinho para a esquerda, lançando rapidamente a palma direita para cima e a esquerda para baixo, para perto do joelho direito. Gire então para a esquerda e, com o peso do pé direito, entre numa espécie de postura do cavaleiro, fazendo a mão esquerda acompanhar o movimento do joelho logo acima dele e baixando a direita logo acima do joelho direito: veja a Figura 30. Passe então para as fases finais da primeira Mudança das Palmas. Dê um passo para fora com o pé esquerdo, traga o pé direito para junto dele num passo em V, trocando as posições dos braços como antes, e dê um passo com o pé direito para começar novamente a roda do círculo.

No começo, faça os movimentos dos pés sob a forma de passos. Quando você tiver certeza de quais são as mudanças de direção e con-

Figura 29: O Falcão sobe para o céu

Figura 30: A Serpente Branca se esconde na relva

seguir chegar aos lugares corretos, passe a usar giros sobre os pés. Eis alguns pontos aos quais você deve prestar atenção:

- Lance a mão direita para o alto e a esquerda para baixo com força de giro longitudinal nos braços, mas execute esse movimento com prudência até os seus músculos se acostumarem a ele.
- Quando você entrar na postura em que o calcanhar esquerdo fica levantado, comece um giro ou uma virada que só vai terminar quando você entrar no passo em V que o levará à fase final da Dupla Mudança das Palmas.
- Além de ter valor como exercícios, estes movimentos giratórios, poderosos e fluidos, são técnicas eficazes e incomuns de artes marciais; por isso, às vezes, imagine que está sendo atacado à base de socos, pontapés e técnicas de luta corpo a corpo.

TERCEIRA MUDANÇA

Eu, pessoalmente, achei a terceira Mudança das Palmas muito empolgante quando deparei com ela pela primeira vez, talvez por causa da mudança de direção completa e imediata de dentro para fora. O modo pelo qual as palmas se posicionam neste movimento tirado das técnicas de Wushu é diferente do estilo de Sun Lu Tang, por exemplo, mas o método e a direção do giro são os mesmos.

Andando no sentido horário (guinando para a direita, com a mão direita no alto), dê um passo com o pé esquerdo no sentido oposto ao centro do círculo. Ao dar esse passo, traga o braço direito na direção da cabeça de modo que o antebraço fique a alguns centímetros da fronte, um pouco acima dela. Ao mesmo tempo olhe para a esquerda, como na Figura 31. A palma esquerda permanece na mesma posição em relação ao tronco – isto é, o braço passa à frente do tronco. Toda a parte de cima do corpo gira para a esquerda. Para deixar bem claro que muitas coisas acontecem ao mesmo tempo nas técnicas do Ba-guá, eis uma lista de todas elas para este primeiro momento:

- dê um passo com o pé esquerdo para fora do círculo
- comece a girar o tronco para a esquerda
- olhe para a esquerda, para longe do centro
- deixe o braço e a palma esquerdas à frente do tronco, sem tocá-lo
- lembre-se de que será o início de um movimento de giro contínuo.

Figura 31 · A Serpente vira pondo a língua para fora

Dê um passo em V com o pé direito, virando a palma esquerda para baixo e levando a direita também para baixo, voltada para o chão, de modo que ambos os braços se cruzem à frente do tronco: veja a Figura 32. Continue o giro anti-horário para a esquerda, levando as palmas esquerda e direta para junto dos joelhos esquerdo e direito respectivamente, num movimento curvo, limpo e longo, sem tocar nos joelhos. Esse movimento dos braços é acompanhado por um passo à esquerda com o pé esquerdo de modo que você entre numa postura do cavalo, como na Figura 33. Direcione o olhar para a região da mão e do joelho esquerdos.

Vire o pé esquerdo para fora e, concomitantemente, dê um passo bem grande e circular com o pé direito fazendo com ele um passo em

Figura 32: O Dragão recolhe a cauda

V, lançando a palma direita para cima até chegar sob a axila esquerda com o costumeiro giro longitudinal do braço que deixa a palma voltada para cima; vire a palma esquerda também para cima, como na Figura 34. Vire para a direita, elevando os braços como se terminasse a primeira Mudança das Palmas, e saia caminhando pelo círculo. Eis os pontos aos quais você deve estar atento:

- Mantenha os cotovelos afastados do corpo.
- Ao dar os passos em V, procure girar sobre o pé de apoio enquanto traz o outro pé de trás para formar o V.
- A cabeça sempre segue a direção do movimento.

QUARTA MUDANÇA

A quarta Mudança das Palmas dá início a uma série mais complexa de movimentos. É difícil impor-se uma disciplina quando se começa a treinar uma coisa nova nas artes marciais; mas, se for possível, procure ao menos ter uma idéia clara da seqüência das primeiras três mudanças antes de passar à quarta. Se avançar rápido demais para esses movimentos complicados, é provável que você fique confuso, perca seu tempo e perca também o ânimo. É possível que então tenha de recomeçar do zero.

Comece a andar no círculo com a mão direita no alto e faça um passo em V com o pé esquerdo, voltando-se de frente para o centro. Você está virando para a direita; então, continue o giro, dando um passo

Figura 33: A Serpente Branca esconde-se na relva

Figura 34: Início dos giros do Dragão Negro

Figuras 35 e 36: A Andorinha voa para dentro da floresta

com o pé direito para longe do centro. Ao fazer essa volta com o pé direito, vire a palma direita também para a direita – ou seja, baixe o lado do polegar e eleve o dedo mínimo, como na Figura 35. Deixe a palma esquerda na vertical, protegendo o cotovelo direito e a caixa torácica. Em seguida, dê um passo longo da linha do círculo com o pé esquerdo; ao mesmo tempo, vire a aresta exterior (a do lado mínimo) da mão direita para baixo, levando a palma para a esquerda e depois trazendo-a até perto do ombro esquerdo, como na Figura 36. Em sincronia com esse movimento do braço direito, lance à frente a mão esquerda e gire-a sob o braço direito até que a palma fique voltada para cima. Ao chegar neste estágio da Mudança, sua palma direita está voltada para baixo e a esquerda, para cima.

Para deixar claro o que quero dizer, vou descrever novamente esse movimento em outras palavras. Vire para baixo a aresta exterior (a do dedo mínimo) da mão direita como se fosse pegar alguma coisa com a palma e passe a mão num movimento longo à frente do corpo, num plano horizontal. A figura que ela traça é um arco de círculo. Enquanto traça esse arco, a palma deve estar voltada para cima, mas depois vire-a para baixo e traga-a para junto do ombro esquerdo.

Leve o pé esquerdo para junto do direito num passo em V e deixe cair o cotovelo direito, como na Figura 37. Lance à frente a palma direita levantando o joelho direito, como nas Figuras 38 e 39. Gire para a direita, dando um passo para a direita e para trás com o pé direito. Acompanhe o movimento com um golpe horizontal da mão direita, numa curva que desce um pouco e depois sobe de novo, e traga a mão esquerda para o lado do corpo até chegar embaixo das costelas inferiores da esquerda, como na Figura 40. Dê um passo curvo com o pé esquer-

Figuras 37 e 38: O Dragão Negro mostra as garras (i)

Figura 39: O Dragão Negro mostra as garras (ii)

Figura 40: O Macaco balança os ramos da árvore

do até formar um V com o direito, entrecruzando os braços como na fase final da Mudança das Palmas Simples, e complete o movimento como nessa última. Ao terminar, a mão esquerda estará no alto. Eis os pontos aos quais você deve estar atento:

- Todo o tempo, faça com os braços movimentos giratórios e sinuosos, como se fossem cobras.
- Ao trazer o cotovelo para baixo, não deixe que ele encoste no corpo.
- Os olhos e a cabeça acompanham o ponto de ataque do movimento.

QUINTA MUDANÇA

A quinta Mudança das Palmas é ainda mais longa. Caminhe no sentido horário, com a mão direita no alto. Leve o pé esquerdo à frente num passo em V, como na Mudança das Palmas Simples (Figura 41). Avance um pouco o pé direito ao longo da linha do círculo, avançando também a palma direita na mesma linha. Ao mesmo tempo, traga para trás a mão esquerda – com a palma para cima – até o osso do lado esquerdo do quadril, mas sem tocá-lo. Traga então para trás a palma direita, virando e descrevendo com ela um arco como na quarta Mudança, e avance a mão esquerda passando-a por baixo do braço direito e terminando com a palma para cima, como na Figura 42. Gire para a direita sobre ambos os pés lançando a mão esquerda bem para o alto e para trás e trazendo a direita para a frente do plexo solar, como na Figura 43. Dê um passo longo para trás com o pé direito e lance a mão esquerda à frente da sua testa, com a palma para a frente e o lado do polegar para baixo. Enquanto faz isso com a palma esquerda, abaixe firmemente a direita, fazendo-a passar ao lado da caixa torácica e do quadril direito até alinhar-se com a coxa, como na Figura 44. No fim, a palma direita está voltada para cima. Gire então sobre o pé esquerdo e leve o direito num movimento giratório para a direita, como na Figura 45. Ao mesmo tempo, lance a palma direita para a frente, virando-a até que fique voltada para baixo, e traga a palma esquerda, voltada para cima, até a altura do lado esquerdo da cintura. Dê um passo bem grande com o pé esquerdo até formar um V, como na fase final da Mudança das Palmas Simples, e cruze os braços na altura dos cotovelos sem, porém, encostá-los um no outro. Vire para a esquerda e dê um passo para fora com o pé esquerdo, trazendo o braço esquerdo para a frente do peito; aproxime os cotovelos um do outro e ponha-os a uma distância de, digamos, quinze centímetros do corpo, como na Figura 46. As palmas devem estar voltadas para cima, como na ilustração. Caminhe pelo círculo nessa posição, chamada às vezes de Macaco Oferece Frutas. Eis os pontos aos quais você deve estar atento:

- Esta Mudança, com seus passos longos, exige bastante das pernas. Para começar, e para se acostumar com ela, dê passos pequenos e faça posturas altas.
- Mantenha os cotovelos sempre voltados para baixo.
- Quando você estiver seguro das direções e amplitudes dos giros, faça giros contínuos.

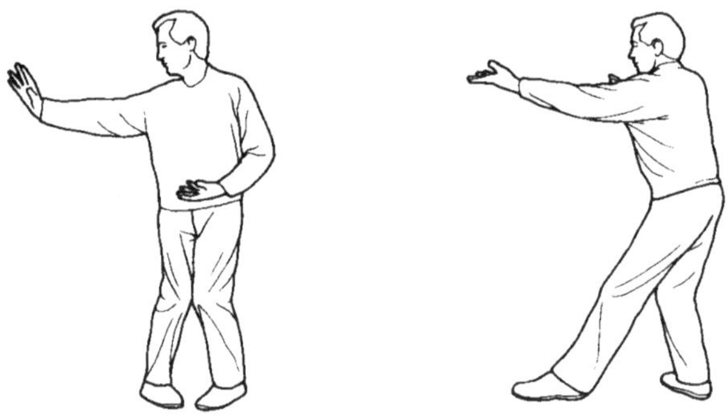

Figuras 41 e 42: A Andorinha voa para dentro da floresta

Figura 43: O Cavalo vira a cabeça (i) (visto de dois lados)

Figura 44: O Cavalo vira a cabeça (ii)

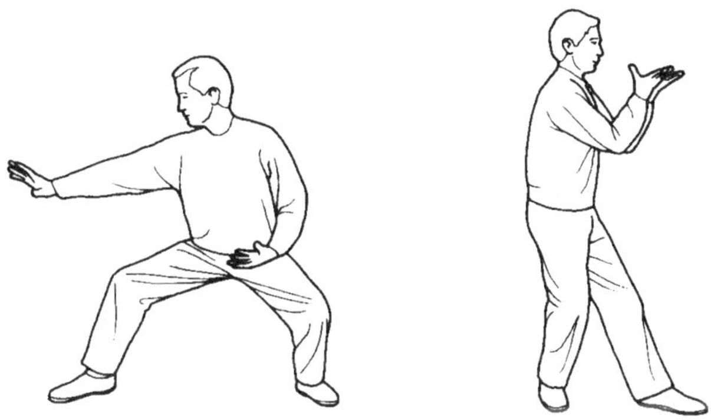

Figuras 45 e 46: O Macaco Branco oferece frutas

SEXTA MUDANÇA

A sexta Mudança das Palmas começa com uma posição diferente dos braços. Para chegar nela, parta da posição de Segurar a Bola, representada na Figura 47. Dê um passo com o pé esquerdo para caminhar no círculo no sentido anti-horário e, simultaneamente, avance as duas mãos ao mesmo tempo. O braço direito sobe, passando ao lado da face direita, até chegar a um ponto um pouco acima e ao lado da têmpora direita; e o esquerdo avança com a palma para cima até estar "apontando" para o centro do círculo, como na Figura 48. Ao dar o passo inicial, vire a cintura para dentro do círculo.

Depois de alguns passos, dê um passo em V com o pé direito até juntá-lo ao esquerdo, que por sua vez volta-se para o centro, como na Figura 49. Imediatamente, avance o pé esquerdo afastando-o do cen-

Figuras 47 e 48: O Leão segura a bola (i)

Figuras 49 e 50: O Leão segura a bola (ii)

Figuras 51 e 52: O Leão segura a bola (iii)

tro e dê um outro passo em V com o pé direito. Os braços ainda estão no alto, na postura de Segurar a Bola. Dê um passo para a esquerda com o pé esquerdo, trazendo a mão esquerda para mais perto da linha média do corpo numa curva descendente, com a palma para baixo, passando depois pelo plexo solar; mantenha a mão direita sempre à mesma distância dela para que as duas se movam em harmonia, conservando a forma, como se de fato estivessem segurando uma grande bola. A parte superior do tronco e os braços se movem como uma unidade: veja a Figura 50.

Dê um passo à frente com o pé direito e continue o movimento da mão esquerda, fazendo-a passar em frente à virilha e depois subir à frente do lado esquerdo do corpo, enquanto a palma direita passa em frente aos joelhos; as duas se conservam, relativamente uma à outra, na posição de Segurar a Bola, como na Figura 51. Imagine este movimento como o ato de segurar uma bola acima da sua cabeça à esquerda, trazê-la para baixo passando-a em frente ao corpo até o lado inferior direito e passá-la de novo em frente ao corpo para o lado esquerdo. Dê um passo para trás com o pé esquerdo, girando sobre o pé direito, levando a bola à esquerda; baixe um pouco a mão esquerda e erga a direita, como na Figura 52. Passe a bola em frente aos joelhos para a direita; segurando-a em frente aos joelhos, dê um passo para trás com o pé esquerdo e gire 180 graus, como na Figura 53.

Gire sobre o pé esquerdo e, aproximando o pé direito, faça um passo em V; ao mesmo tempo, gire o antebraço no sentido longitudinal e lance a mão direita para baixo da região da axila esquerda, com as duas palmas voltadas para cima, como na Figura 54. Vire o corpo para a direita e abra um passo para esse lado com o pé direito, girando também a cintura, levando a mão esquerda para cima até chegar acima da altura da cabeça, com a palma para baixo, e lançando o braço direito para fora, aproveitando o impulso do giro da cintura, com a palma para cima, até chegar de novo na posição inicial de Segurar a Bola, como nas Figuras 55 e 56. Fazendo um giro com o pé esquerdo até levá-lo junto ao direito, execute um passo em V. Dê um passo para a direita com o pé direito e repita o exercício de levar a bola para cá e para lá, mas invertendo, desta vez, a posição dos braços e das pernas. As Figuras 57-60 dão uma idéia aproximada do movimento da "bola".

Figuras 53 e 54: O Leão segura a bola (iv)

Figuras 55 e 56: O Leão segura a bola (v)

É evidente que esse movimento pode ser repetido quantas vezes você quiser, tanto para um lado quanto para o outro. Eis os pontos aos quais você deve estar atento:

- Este movimento é chamado, às vezes, de Leão Segura a Bola (ou Brinca com a Bola, ou Rola a Bola). Tenha em mente essa idéia enquanto você treina, para familiarizar-se com ela. Há uma sincronia entre o modo pelo qual você segura e gira a bola, por um lado, e os giros do corpo e os passos, por outro.
- Deixe os braços flexionados e *sinta-os* como se estivessem curvos (é claro que eles não se curvam de fato, mas às vezes você pode ter a impressão de que isso acontece).

Figura 57: O Leão gira a bola – começo do "giro"(i)

Figura 58: O Leão gira a bola – continuação do giro (ii)

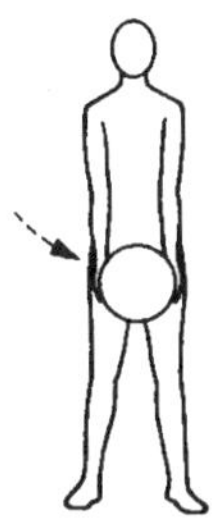

Figura 59: O Leão gira a bola – continuação do giro

Figura 60: O Leão gira a bola – fim do giro no lado oposto do corpo (iv)

SÉTIMA MUDANÇA

A sétima Mudança das Palmas já apresenta chutes e cruzamentos das pernas. É mais comprimida e mais complexa; por isso, tome cuidado para não passar correndo pelas instruções e deixar espaços em branco no seu aprendizado: preencha todas as lacunas antes de continuar. Se tiver alguma dúvida, tome nota. Se for possível, desenhe um círculo no chão e marque nele as posições dos pés com giz. Eu mesmo, quando estou praticando e ensinando Tai Chi e Ba-guá, trabalho sobre um assoalho de madeira no qual posso fazer, a giz, desenhos que depois são facilmente apagados, sem deixar marcas permanentes sobre o chão. É possível que você não precise disso; mas, às vezes, o ato de ter de desenhar as Mudanças e marcar as "órbitas" dos braços pode lançar nova luz sobre o assunto, tanto para os alunos como para o professor.

Figuras 61 e 62: Abanando o leque na frente do portão

Na sétima Mudança, comece caminhando no sentido horário, com o braço direito no alto, na mesma postura inicial da Mudança das Palmas Simples. Quando o pé esquerdo estiver à frente, vire a palma direita para cima e faça um movimento cortante com ela para a esquerda, trazendo ao mesmo tempo a mão esquerda, com a palma para cima, para junto do quadril esquerdo. Trata-se de uma ação cortante ou decepante para dentro, executada com a palma direita, como na Figura 61. Ao mover os braços, leve o pé direito à frente até que os dedos fiquem em linha com o calcanhar esquerdo, e deixe o calcanhar do pé direito ligeiramente levantado do chão. O movimento seguinte deve dar continuidade a esse com a máxima suavidade, e isso será evidente quando você conseguir executá-lo. Vire para a direita, dando um passo com o pé direito na mesma direção da qual ele veio. Ao fazer esse giro de volta, dê continuidade à ação cortante da mão direita, virando a palma da mão para baixo e cortando horizontalmente para a direita, num movimento largo, com um leve descer e depois subir da mão, como na Figura 62. A mão esquerda fica no mesmo lugar onde estava. Agora você percebe que o primeiro corte, da direita para a esquerda, transforma-se naturalmente no segundo, da esquerda para a direita, associando-se a uma mudança na posição da palma: primeiro voltada para cima, depois para baixo.

Agora, usando como pivô o calcanhar direito, vire o pé direito para a direita, para fora, e traga o joelho esquerdo para logo atrás da barriga da perna direita, formando uma espécie de postura de pernas cruzadas, como na Figura 63. Associe o movimento dos pés ao dos braços,

Figuras 63 e 64: A Fênix abre as asas (i)

Figuras 65 a e b: A Fênix abre as asas (ii)

fazendo passar a mão esquerda sob o antebraço direito e depois para a esquerda, formando uma postura semelhante à do Macaco Oferecendo Frutas. Ambas as palmas estão voltadas para cima. O tronco está virado para a direita e você está olhando para a mão direita. O giro continua ainda para a direita: traga o pé esquerdo em roda e faça um passo em V, deixando as mãos na mesma posição, como na Figura 64. Depois separe bem as palmas, lançando-as para os lados, e dê um chute alto com o calcanhar direito: veja as Figuras 65 a e b.

Leve o pé direito de volta bem para trás, jogando a mão direita, com a palma para cima, sobre a cabeça até alcançar o lado esquerdo desta, e puxando a mão esquerda, palma para cima, até junto do quadril esquerdo, como na Figura 66. A esta altura, o peso está principalmente na perna esquerda. Lance então a mão direita fortemente para baixo na direção do lado de dentro da canela direita, com a palma voltada para o chão, e "achegue-se" sobre a perna esquerda, como na Figura 67. A mão esquerda permanece no mesmo lugar. Gire o pé direito para fora, ou seja, para a direita, e traga o pé esquerdo para junto dele num movimento largo e rápido, formando um passo em V; ao mesmo tempo, dê um golpe horizontal no sentido horário com a palma esquerda voltada para cima; traga a palma direita, voltada para baixo, e dê um golpe horizontal para a direita com o cotovelo, como nas Figuras 68 a e b.

Leve a palma esquerda, voltada para cima, até logo abaixo do cotovelo direito. E, ao completar a cotovelada, puxe o peso do corpo ainda mais para cima da perna esquerda e, fechando em punho a mão esquerda, aplique um golpe frontal com as costas do punho direito também fechado, como na Figura 69. Vire de novo para a direita, aproximando o pé esquerdo do direito num passo em V, e jogue a mão esquerda sob a axila direita com ambas as palmas voltadas para cima, como na fase final da Mudança das Palmas Simples: Figura 70. Vire para

Figuras 66 e 67: A Andorinha voa sobre a água

Figuras 68 a e b: O Moinho de Vento (i)

Figura 69: O Moinho de Vento (ii)

Figura 70: Entrecruzando os braços

Figuras 71 e 72: O Dragão subindo das águas

a esquerda e dê um passo aberto para a esquerda, colocando os braços, transitoriamente, na posição do Macaco Oferecendo Frutas, como na Figura 71; e, abrindo bem as mãos, leve as palmas à posição final, representada na Figura 72.

Eis os pontos aos quais você deve estar atento:

- Faça com que o primeiro e o segundo movimentos sejam contínuos, dois cortes num só movimento.
- Encaixe o joelho esquerdo bem atrás da barriga da perna direita.
- A esta altura, com a prática, você já deve estar sendo capaz de se mover com continuidade, como um peixe nadando.
- Execute os movimentos de ataque com força, rapidez e concentração momentânea.

OITAVA MUDANÇA

A oitava Mudança das Palmas, que é a última, inclui muitas coisas que você já fez, com alguns acréscimos. Caminhe na primeira posição, no sentido horário (guinando para a direita), com a mão direita no alto. Quando você estiver com o pé direito à frente, gire o braço e a mão direita para a esquerda e insira a palma esquerda sob a axila direita, dando ao mesmo tempo um passo com o pé esquerdo, como na Figura 73. Siga o movimento do braço direito com a cabeça e os olhos. Continue a conduzir a palma direita para a esquerda, flexionando ainda mais o braço na altura do cotovelo, e siga esse movimento com a cabeça e os olhos, dando um passo com o pé direito, como na Figura 74. Vire o corpo para a direita, passando o peso para o pé direito; vire a palma direita para cima e ponha o cotovelo acima do pulso esquerdo, como na Figura 75.

Figuras 73 e 74: Jogando as mangas ao vento (i)

Figuras 75 e 76: Jogando as mangas ao vento (ii)

Figuras 77 e 78: Jogando as mangas ao vento (iii)

Figura 79: Jogando as mangas ao vento (iv)

Figura 80: O Macaco subindo num galho

Figura 81: A Andorinha voa sobre a água

Figura 82: A Serpente rola sobre si mesma (i)

Dê um passo à frente com o pé direito e, com a palma voltada para cima, aplique um golpe frontal e ascendente, como na Figura 76.

Você verá que esses três últimos movimentos constituem, na verdade, uma única ação contínua de aparar, aparar e golpear. Ao executar os movimentos representados nas Figuras 77 e 78, incline-se um pouco para trás como se estivesse se esquivando de alguns golpes ou aparando-os. Em seguida, como na Figura 79, lance o corpo à frente ao aplicar com a mão um golpe para a frente e para cima.

Levante o joelho direito e dê um chute para cima com a ponta do pé, como na Figura 80. Leve o pé direito num movimento longo de volta para trás e gire para a direita, trazendo a mão direita para baixo num movimento cortante, a palma voltada para o chão, e trazendo a mão esquerda e volta ao quadril esquerdo, palma para cima, como na Figura 81. Agache-se bem rente ao chão ao fazer esse movimento e em seguida fique de novo de pé, dando um passo à frente com o pé esquerdo e alçando a mão esquerda igualmente à frente, na horizontal, com a palma da mão para cima. Proteja o braço esquerdo com a palma direita voltada para baixo, como na Figura 82.

Dê um passo em V bem rápido com o pé esquerdo até encostá-lo no direito e vire o tronco para a direita; ao mesmo tempo, gire a mão esquerda longitudinalmente no sentido horário até deixá-la com a palma para cima e leve a mão direita para logo acima da têmpora esquerda, com a palma voltada para longe do rosto como se fosse defender a cabeça: Figura 83. Com uma ação forte, erga o joelho direito e lance para a frente a palma direita voltada para cima, elevando ao mesmo tempo o braço esquerdo para dar mais força, como na Figura 84.

Figuras 83 e 84: A Serpente rola sobre si mesma (ii)

Figuras 85 e 86: A Andorinha voa para dentro da floresta

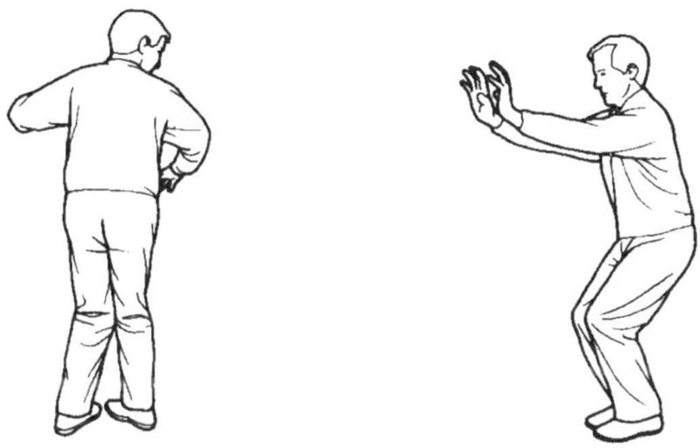

Figuras 87 a e b: O Tigre se lança sobre a presa

Dê um passo para trás com o pé esquerdo, girando para a direita sobre o pé esquerdo, e aplique com a palma direita voltada para baixo um golpe horizontal com uma leve descida de mão. Ao mesmo tempo, traga a mão esquerda para junto do quadril esquerdo com a palma para cima, como na Figura 85. Dê um passo com o pé direito para a direita e gire 180 graus, como na Figura 86, lançando a mão esquerda, palma para cima, sob o antebraço direito, e trazendo a palma direita de volta para cobrir o braço esquerdo. Continue a girar para a direita sobre o pé esquerdo dando um passo para trás em 180 graus, e junte o pé esquerdo ao direito, com o calcanhar esquerdo levantado, como na Figura 87 a. Ao fazê-lo, traga ambas as palmas para ambos os lados do corpo, cotovelos flexionados, como se levasse uma bandeja sobre cada mão; então leve ambas as palmas simultaneamente à frente, passando-as ao lado das orelhas, e aplique um golpe frontal horizontal com ambas as palmas abertas: veja a Figura 87 b.

Com um giro do pé direito, dê um passo em V, juntando o pé esquerdo ao direito, e cruze os braços como na conclusão da Mudança das Palmas Simples. Levante os braços para a esquerda e vire-se para a esquerda, como na Mudança das Palmas Simples; com um passo do pé esquerdo, caminhe no círculo na primeira posição básica. Eis os pontos aos quais você deve prestar atenção:

- Como antes, não levante os cotovelos.
- Siga a mão de ataque com a cabeça e os olhos.
- Controle seus giros para que você não vire nem demais nem de menos e, portanto, não acabe na posição errada para retomar a caminhada no círculo.
- Se mesmo assim você acabar na posição errada, treine para executar um movimento final muito maior ou muito menor, que o conduza à correta linha do círculo. Para tanto, você terá ou de girar deslizando sobre um pé, para recuperar a distância, ou de fazer só uma pequenina virada, caso já tenha ido longe demais.

Com isso concluímos, em grandes linhas, os movimentos das oito Mudanças. Se você seguir as palavras e as imagens, chegará a executá-los com relativa destreza. Qualquer experiência anterior em artes marciais lhe será de grande ajuda. Acima de tudo, seja paciente, observador e inteligente!

CAPÍTULO 8

O ELEMENTO ESSENCIAL

Se você pegar um pedaço de fio e fizer nele um nó, deixar um espaço, fizer outro nó, deixar outro espaço, e fizer por fim um terceiro nó, obterá um arranjo parecido com o da Figura 88. Isso representa a maneira linear de encarar um determinado tema: no caso, o Ba-guá. O primeiro nó pode significar o jeito certo de pisar; o segundo, o jeito certo de posicionar os braços; e o terceiro, o correto posicionamento da cabeça. Outro exemplo seria uma situação de emergência médica. Suponha que uma mulher sofra cortes profundos. O primeiro nó pode significar o estancamento da hemorragia; o segundo, a aplicação dos curativos; e o terceiro, o tratamento para o estado de choque.

À primeira vista, essas duas seqüências de medidas são perfeitamente bem-fundamentadas; no entanto, ambas apresentam limitações importantes. No exemplo do Ba-guá, a experiência nos mostra que nenhum dos três objetivos – o passo, a posição dos braços e a posição da cabeça – pode ser adequadamente atingido se for perseguido isoladamente, pela maneira linear de encarar o tema: primeiro isto, depois aquilo, depois aquilo outro. O motivo dessa dificulda-

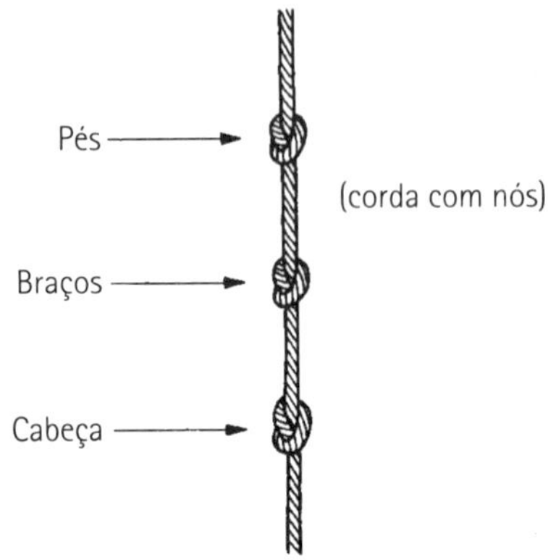

Figura 88: Abordagem linear

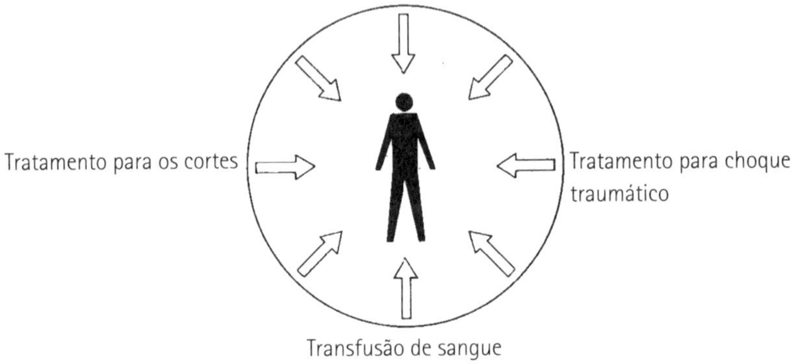

Figura 89: Abordagem simultânea

de é que, num organismo vivo e móvel, se você corrigir uma coisa por vez, outras coisas podem dar erradas. Não há dúvida de que esta generalização tem as suas exceções, como o exemplo médico acima citado. Mas no Ba-guá, por exemplo, se você deixar para trás o ponto número um e passar para o ponto número dois, é possível que o número um volte a sair errado pelo simples fato de você ter deixado de prestar-lhe atenção. Normalmente, o sistema nervoso humano funciona assim: logo que você deixa de dar atenção especial a um determinado processo para modificá-lo, o comportamento anterior volta a prevalecer.

Voltado ao exemplo médico, a abordagem linear só é possível nesse caso devido à simplicidade do problema. Se os únicos sintomas que a mulher apresenta são a hemorragia e um choque traumático leve, ela não corre perigo. Mas suponha que ela tenha sofrido cortes em vários lugares do corpo, por estilhaços de vidro, por exemplo; que o seu sistema de coagulação sangüínea não esteja funcionando tão bem quanto deveria; que ela sofra um choque traumático profundo; e que, por cima de tudo isso, ela tenha batido a cabeça e sofrido uma concussão. O que ela precisa é de cuidados médicos simultâneos em muitas regiões do corpo, como mostra na Figura 89. Esse diagrama mostra uma combinação de medidas, uma combinação de estratégias lineares, todas as quais acontecem simultaneamente:

- estancamento das hemorragias em vários lugares
- auxílio ao processo de coagulação
- tratamento para o estado de choque traumático
- observação cuidadosa dos efeitos da concussão.

Para tanto serão necessárias três ou quatro pessoas dotadas de conhecimentos de medicina. Quando juntas, a associação de suas capacidades, a associação dos seus cérebros, formam como que um único cérebro cujo único objetivo é tratar da mulher ferida. É possível que um único cérebro, uma única pessoa, saiba exatamente o que precisa ser feito, mas essa única pessoa jamais seria capaz, fisicamente, de fazer tudo.

A imagem grotesca de uma estratégia semelhante a essa, aplicada ao treinamento do Ba-guá, mostra que o método médico não é prático. Um professor corrige a cabeça, outro corrige os braços, outro corrige os pés, outro... Grotesca ou não, a imagem é bem expressiva e evidencia que o estudante do Ba-guá tem de encontrar vários auxiliares dentro de si mesmo. A questão, então, é a seguinte: como isso pode se realizar?

Pode realizar-se pelo desenvolvimento da vigilância e da atenção. Vigilância significa observação; e atenção, neste caso, significa uma consciência ativa da sensação do movimento no corpo. A observação, por sua vez, exige que a pessoa saiba o que precisa fazer e fique de olho para ver se isso está sendo feito. A consciência ativa da sensação do movimento é uma auxiliar da observação. As informações acerca de como o corpo está se movimentando, decorrentes da propriocepção, já existem, pois essa é uma faculdade natural do sistema nervoso central. Desenvolver a atenção equivale a entrar em sintonia com essas informações, essas sensações. Este é um elemento fundamental das artes marciais *internas*, e estou usando a palavra *internas* em seu sentido mais vital.

Deixando de lado o tema principal por um momento, digo que há ocasiões em que uma pessoa é capaz de assistir à execução de um novo conjunto de movimentos e copiá-los com perfeita exatidão. Enquanto escrevo, estou me lembrando de uma jovem dançarina que está aprendendo Tai Chi comigo. Ao longo das duas primeiras aulas, ela viu e copiou perfeitamente cerca de oito movimentos de abertura da Forma Curta do estilo Yang. Os alunos mais antigos observaram-na perplexos. À primeira vista, poder-se-ia dizer que ela não precisava desenvolver a atenção. Contemplamos uma situação na qual a pessoa agiu sem interferir com o processo. Infelizmente para este nosso argumento, ela começou a cometer erros antes do fim da segunda aula e não foi capaz de "reencontrar o primeiro arroubo espontâneo e natural"! Inconscientemente, perdeu o contato com o seu talento natural para a imitação e teve de começar a pensar no que estava errado e no que precisava ser feito. Além disso, estava muito cansada e havia esgotado a sua capacidade de prestar atenção. Ficou impaciente consigo mesma e um pouco agitada. Teve de começar a aplicar a estratégia dos "vários auxiliares".

As pessoas que estudaram a fundo o Tai Chi, a meditação ou alguma outra disciplina desse tipo conhecem bem a sensação de uma mudança na substância do corpo. É difícil descrevê-la. Pode ser uma sensação de leveza, de peso ou de clareza; o número de descrições subjetivas desse fenômeno é infinito. Essa nova experiência consiste, em parte, no ato de entrar em contato com certos processos do sistema psicossomático que normalmente estão fora do nosso raio de percepção. Reconhecemos a nova experiência como algo agradável e desejável. Ela é produzida, até certo ponto, pela combinação de vigilância e atenção que mencionamos há pouco. Enquanto ela acontece, a atenção fica difusa – não se concentra num único pensamento, numa única emoção, num único movimento do corpo. É como olhar para uma paisagem natural e assimilá-la toda de uma vez, em vez de admirar uma única flor ou uma única árvore.

Voltando ao exemplo do treinamento de Ba-guá, a meta da atenção total evidencia a necessidade da interligação dos movimentos: "O corpo inteiro se move como uma unidade", como dizem os clássicos. Mesmo que você execute um movimento de maneira incorreta, é melhor executá-lo assim e ter a máxima consciência possível do corpo do que executá-lo corretamente sem prestar muita atenção em nada. A atenção é, pura e simplesmente, o elemento natural da Meditação no Caminhar. Estratégia semelhante se encontra nas múltiplas terapias que estão em voga hoje em dia. Tem-se como um axioma que se deve *ouvir* o que o paciente ou o cliente têm a dizer, e não *falar* com ele. Todos nós sabemos que as pessoas que estão sempre prontas a nos dar conselhos acabam por nos afugentar – o bom ouvinte, por outro lado, é acolhido com muito mais agrado. O conselheiro infatigável é um trabalhador linear, se é que podemos usar essa expressão, ao passo que o ouvinte é um trabalhador simultâneo. Assim, enquanto o paciente fala e vai desenvolvendo a confiança, os verdadeiros problemas podem chegar à superfície. O mesmo vale para os movimentos do corpo: à medida que a atenção "ouve" o movimento e a vigilância o observa, a inteligência do movimento pode ir surgindo aos poucos. Já não se trata de fazer isto, depois fazer aquilo, depois fazer aquele outro. Além disso, essa estratégia deixa bem claro que, até certo ponto, todos nós somos diferentes uns dos outros. Há pessoas que demoram mais do que outras; há pessoas que obtêm um bom grau de consciência de uma certa maneira, e outras que o obtêm de outra maneira.

PRÁTICA

O exercício seguinte faz parte do meu sistema de ensino. Eu já o publiquei num outro livro meu, mas não me culpo por fazê-lo novamente. Ele pode ser um ponto de partida para o desenvolvimento da vigilância e da atenção no movimento.

1) Fique de pé na posição ereta normal, com os pés juntos e os braços soltos ao lado do corpo. Relaxe.
2) Levante o pé direito e pouse a parte de trás do calcanhar direito no chão à sua frente, na mesma linha da articulação direita do quadril. Usando o músculo da parte exterior da tíbia, traga a ponta do pé suavemente na sua direção ao pousar o calcanhar. Só o calcanhar do pé direito encosta no chão.
3) Flexione o joelho esquerdo o suficiente para que a sola do pé direito possa encostar no chão e, ao mesmo tempo, pouse no chão a sola

do pé direito. Não apóie peso nenhum sobre o pé direito e relaxe as articulações do quadril, do joelho e do tornozelo direitos.
4) Passe o peso para a perna direita, flexionando um pouco o joelho direito, e erga o calcanhar do pé esquerdo de modo que esse pé fique apoiado sobre a saliência que fica atrás dos dedos. Deixe que o joelho esquerdo se flexione naturalmente.
5) Repita todo o processo com o pé esquerdo.

Esse exercício tem mais movimentos, mas os básicos são estes. É simples e fácil de memorizar, mas pode ser muito eficaz e interessante se for associado à *vigilância*, à *atenção* e ao *relaxamento*. Talvez o melhor momento para executá-lo seja quando você já fez alguns exercícios e já está aquecido, mas ainda está respirando normalmente. Na Etapa 1, fique de pé na posição ereta e espere até que você esteja concentrado e consciente do seu corpo; fique de pé e espere. Na Etapa 2, só apóie sobre o calcanhar direito o peso da própria perna, nada além disso. Na Etapa 3, flexione o joelho esquerdo e baixe a sola do pé direto exatamente ao mesmo tempo; você ainda não pode jogar sobre o pé direito qualquer peso que não seja o da própria perna; relaxe toda a perna direita. Na Etapa 4, transfira o peso decididamente para a frente, sem hesitar, e ao mesmo tempo levante o calcanhar esquerdo.

Execute essa seqüência simples de movimentos até ser capaz de realizá-la sem erros de espécie alguma. Se você perceber que está passando prematuramente o peso para a perna direita, é porque não está preparado para a etapa seguinte. Conter a passagem do peso é muito importante. Passar o peso imediatamente é o que fazemos em geral ao andar – e não é isso que queremos. Trata-se de um erro que constantemente se insinua na primeira fase.

Quando a primeira fase estiver clara, comece a relaxar o corpo durante o movimento. Concentrando-se a cada vez numa região específica do corpo, relaxe-a durante o caminhar. Mas, quando você parar de se concentrar em relaxar as nádegas, por exemplo, e começar a relaxar o abdômen ou o peito, reserve ainda uma parte da atenção para o relaxamento das nádegas. Prossiga dessa maneira até conseguir ter consciência do seu corpo inteiro relaxado.

A vigilância, a atenção e o relaxamento necessários para este exercício são suficientes para toda vida.

CAPÍTULO 9

A FILOSOFIA TAOÍSTA

Diz-se que as escolas taoístas da filosofia e das artes chinesas foram criadas por homens que estudaram a História e, assim, refletiram sobre os sucessos e fracassos, ascensões e quedas nos afazeres humanos. Aprofundando-se nesse estudo, eles captaram as coisas essenciais e passaram pela existência na mansidão e na pureza. É essa, pelo menos, a teoria de Liu Hsin, que a registrou por escrito no começo da era cristã. As escolas taoístas tornaram-se um elemento instituído do conjunto de crenças da China. Fui só numa época posterior que outros filósofos começaram a associar a filosofia do Yin-Yang com a filosofia taoísta. Vale a pena frisar esse ponto, pois é generalizada entre os ocidentais a crença de que a filosofia do Yin-Yang surgiu dentro da escola taoísta. Liu Hsin afirmava que a filosofia do Yin-Yang foi criada pelos astrônomos oficiais. Com o tempo, foram surgindo cada vez mais escolas diferentes, chamadas às vezes de "as cem escolas" – ou seja, eram em número muito grande. Doutrinas, idéias e às vezes simples rasgos de pensamento foram transmitidos de escola para escola. Entretanto, em minhas pesquisas, não consegui encontrar a origem específica dos taoístas – nem eu, nem nenhuma outra pessoa, sabe quem usou a palavra *tao* pela primeira vez num contexto filosófico, nem o que havia antes disso. O Taoísmo simplesmente "surgiu".

Nos *Analectos de Confúcio*, ficamos sabendo que, durante o período em que Confúcio (nascido em 551 a.C.) viajou extensamente pelos diversos estados da China, ele encontrou homens chamados *yin che*, ou seja, "aqueles que se apagam". Esses homens votavam a Confúcio uma espécie de desprezo, afirmando que, embora soubesse ele que não seria capaz de reformar a sociedade, continuava procurando fazê-lo. Batia a cabeça contra um muro de pedra. Apesar dessa opinião, é evidente que muita gente vê em Confúcio um luminar importante e precioso da cultura chinesa. O grande historiador Fung Yu Lan, em sua *História Resumida da Filosofia Chinesa*, escreveu que "*provavelmente* foi dentre os homens dessa espécie [*yin che*], que em sua maioria viviam em meio à natureza, afastados da sociedade humana, que surgiram os taoístas".

Dentre os taoístas dos primeiros tempos, o mais conhecido é Yang Chu, que viveu por volta de 380 a.C. Ensinava ele que o homem deve viver sem enredar-se com os afazeres da vida. Deve preservar em si o que há de mais verdadeiro. O tema de ser capaz de conservar uma certa distância entre a própria pessoa e os fenômenos da vida, tanto interiores quanto exteriores, é constante nesse primeiro período do Taoísmo. Mas, que eu saiba, o método, o treinamento e os esforços interiores necessários para alcançar-se essa relação não são explicados nos escritos da época. Os textos que encontrei explicam o que essa relação produz, mas não como. No *Clássico de Medicina Interna do Imperador Amarelo*, ou *Nei Ching Su Wen*, encontramos referências aos sábios da antigüidade e ao modo pelo qual eles conseguiam preservar sua essência, permanecer tranqüilos e harmonizar-se com as mutações da vida. Eles continham os desejos e encontravam satisfação na simplicidade, tendo sido, por isso, extremamente longevos. Mas, também nesse caso, não fica claro *como* eles faziam isso. Há pouco tempo popularizou-se na imprensa a idéia de que o hábito de comer pouco, mas de maneira equilibrada, pode aumentar a longevidade. Descobriu-se, em experiências com animais, que isso funciona.

Fica subentendido, sem dúvida, que os meios existem, caso contrário os escritos não passariam de palavras vãs baseadas num pensamento fantasioso. Fung Yu Lan refere-se aos escritos de taoístas posteriores, como Lao-tzu e Chuang-tzu, que foram influenciados por Yang

Chu. O *Lu-shih Ch'un-ch'iu*, livro de Chuang-tzu, tem um capítulo intitulado "A Importância do Si Mesmo" no qual o fato de se estar vivo, de ter nascido, é exaltado como mais importante do que ser Imperador, do que conquistar o mundo inteiro, etc. Isso nos lembra do dito do Cristo acerca de ganhar o mundo inteiro e perder a própria alma. Alguns comentaristas, falando acerca dos pontos de vista dos primeiros taoístas, dizem que eles desprezavam o mundo. Outros chamaram-nos de niilistas, céticos, etc. Segundo o meu entender, a palavra "desprezar" não representa corretamente a atitude dos taoístas perante o mundo dos homens. Trata-se de uma atitude muito pequena e mesquinha para tão eminente escola de filosofia. O livro *Tao Te Ching**, atribuído a Lao-tzu, demonstra uma atitude perante o mundo ou uma compreensão do mundo que nada tem em comum com o desprezo. Aproxima-se mais da idéia, ventilada por G. I. Gurdjieff, de não se "identificar" com o mundo, com as emoções e com os pensamentos.

Parece-me claro, pois, que nessa época recuada existiam meios de desenvolver-se uma atitude interior diferente perante a vida, e que uma das principais características desses meios era a capacidade de impedir que o que há de verdadeiro e valioso no próprio ser seja apanhado no laço das tribulações cotidianas da vida comum. As obras de Lao-tzu desenvolveram essa estratégia de convívio com o universo e com a vida política e social dos homens. Chuang-tzu expressou-o muito bem: "Usar as coisas como coisas, mas não ser usado como uma coisa pelas coisas."

À medida que cresceu a influência do Taoísmo na China, cresceu também a da escola de filosofia do Yin-Yang e das doutrinas sobre os Cinco Elementos. Estes últimos são "substâncias" primordiais das quais todas as coisas são feitas, além de serem fases pelas quais passam os processos. Tung Chung-chu, que viveu por volta de 104 a.C., uniu a doutrina dos Cinco Elementos à filosofia do Yin-Yang. O *I Ching* também fez valer a sua influência durante esse período, como é evidente, de modo que o estudioso moderno tem dificuldade de vislumbrar quão grande era a multiplicidade de idéias e ensinamentos com que deparava, há tantos séculos, o aspirante a discípulo.

As lendas e histórias das artes marciais nos contam como diversos artistas marciais, que depois ficaram famosos, encontraram um re-

* *Tao-Te-King*, publicado pela Editora Pensamento, São Paulo, 1987.

cluso, um eremita ou um taoísta e dele aprenderam algum método secreto. Os frutos desse método sempre aparecem, para o mundo exterior, como um novo sistema ou estilo de artes marciais. Mesmo supondo que só uma pequena parte das histórias seja verdadeira, somos obrigados a admitir que um método taoísta que influenciou os artistas marciais já existe há pelo menos 2.500 anos e tem sido transmitido de geração até o dia de hoje. Yin Shih Tzu é um exemplo de pessoa que trazia o ensinamento em si mesma e proclamou-o aos outros. Mas, para cada taoísta que fez isso, deve ter havido muitos outros que não o fizeram. Não estamos autorizados a supor que esses taoístas ocultos tinham uma compreensão ainda maior do que a dos que ficaram conhecidos? É provável.

Também lemos, especialmente no que diz respeito aos artistas marciais de uma época tão recente, que eles costumavam aceitar poucos discípulos e que, desses poucos, só a alguns eles ensinavam seus "segredos interiores". Sempre que um mestre tinha muitos discípulos, ele separava um número pequeno ao qual ensinava todo o sistema. Portanto, por muitos que tenham sido os que aprenderam alguma coisa, foram pouquíssimos os que aprenderam tudo. Podemos assim concluir que, por esse motivo, o número de iniciados plenos sempre foi baixo. Esta conclusão nos informa algo acerca do estilo de vida e do método de treinamento acerca dos quais falamos há pouco. Será que o estilo de vida era especialmente difícil? Será que o treinamento exigia a vigilância atenta e pessoal do instrutor? Será que era pequeno o número de pessoas qualificadas? Todas essas perguntas nos dão a entender que o número de iniciados era *necessariamente* pequeno e limitado.

Se essa conclusão estiver correta, podemos correlacioná-la com uma prática taoísta que no Ocidente é chamada de alquimia. Ela é concebida, popularmente, como um meio de transformar o chumbo e os metais vulgares em ouro – mas todos sabem que isso não passa de uma analogia: os "metais vulgares" representam a natureza humana comum e o "ouro" significa a forma ideal que o ser humano pode atingir. O fogo que transforma o metal vulgar é o fogo do esforço interior, do trabalho interior. É menos conhecida a idéia, também, proposta por Gurdjieff, de que a quantidade de ouro é limitada – ou melhor, de que nem todos estão aptos a encontrar ouro. Também neste caso, é quase impossível não pensar no dito cristão de que "são muitos os chamados, mas poucos os escolhidos". Isso explicaria por que o mestre chamava tão poucos discípulos para o seu "círculo interno". O tempo e os recursos dele eram limitados, e ele não podia desperdiçá-los com pessoas não-qualificadas.

A pergunta que se impõe a seguir é a do que esses mestres ensinavam aos seus discípulos mais íntimos. Acaso o sabemos? A resposta é "sim", pois temos explicações, diagramas e relatos de experiências pessoais. Se você consultar qualquer livro sobre meditação yogue, meditação budista, meditação tibetana, meditação taoísta ou alguma de suas derivadas, encontrará desenhos dos caminhos da energia pelo corpo humano. Embora talvez sejam diferentes nos detalhes, todos eles mostram canais ou caminhos que cruzam o corpo de cima para baixo. Os métodos de condução da energia ao longo dos canais têm de ser aprendidos de um mestre experimentado. O que os artistas marciais tentaram fazer foi empregar esses métodos, ou métodos semelhantes, para aumentar a eficácia de sua arte. Suspeito também que alguns mestres, especialmente no passado não tão recente, esforçaram-se igualmente para transmitir aos discípulos escolhidos algo que nada tinha a ver diretamente com as artes marciais, mas que tinha tudo a ver com o desenvolvimento da compreensão de si mesmo.

Parece que os dois aspectos do treinamento em artes marciais que mais de perto se ligam às doutrinas taoístas primitivas são a concentração de energia e a atitude perante o adversário. Evidentemente, todo lutador lucra em ser capaz de concentrar a máxima quantidade possível de energia num determinado ponto do corpo. Em segundo lugar, se ele for capaz de cultivar uma atitude de desapego em relação ao avanço ameaçador do adversário ou à aparência assustadora, também nisso levará vantagem. Qualquer método que tivesse uma influência eficaz sobre o fluxo de energia no corpo contribuiria para a consecução de ambos esses objetivos.

O criador do Ba-guá, Tung Hai Ch'uan, estudou e sofre a influência do Taoísmo, o *I Ching*, dos Cinco elementos e da disciplina das artes marciais. Suas doutrinas deixavam implícita a idéia alquímica da transformação da energia. Mas essas idéias, consideradas em si mesmas, são planas e bidimensionais: precisam de um mestre vivo que as transforme em realidade vivida. Parece que esses mestres são raros. O que temos hoje são um sem-número de livros. Será que houve uma época em que havia um igual número de livros acerca do controle de energia interior? Duvido. Não é somente uma questão do avanço da tecnologia da imprensa e de meios mais rápidos de distribuição: mesmo hoje esses livros não existem.

Nossa situação se contrapõe vivamente à da época dos primeiros taoístas e dos seus descendentes imediatos. Naquela época, esses ensinamentos eram secretos. Isso nos leva a formular mais uma pergunta. Será que essas coisas eram ocultas em virtude dos costumes culturais ou dos objetivos políticos? Ou será que havia outro motivo, como a idéia de uma quantidade limitada de "ouro" que pudesse ser posta em circulação? Se você tiver um grande cofre cheio de ouro e repartir esse ouro por um milhão de pessoas, cada uma vai receber muito pouco. Que poderia fazer ela com esse ouro? Nossa sociedade é muito influenciada pela idéia de "igualdade". A igualdade de poder, a igualdade dos sexos, a igualdade de oportunidades e outras igualdades são todas exaltadas e promovidas. Mas será que pode haver uma igualdade de sabedoria, uma igualdade de compreensão?

Quando chega a hora, a serpente solta a sua pele. Se você vê a pele antiga, sabe que por ali passou uma serpente. A própria serpente se foi, mas deixou a pele, que prova que ela esteve ali; você fica sabendo que, se procurar bastante, pode acabar encontrando a serpente. Talvez todos esses livros sejam semelhantes à pele da serpente. Muita gente afirma estar em busca de serpentes. Então eles encontram uma pele, depois outra, depois ainda outra. Logo muitas desistem, perdendo o ânimo e o interesse. Mas é possível que os que continuam a busca cheguem por fim a encontrar uma serpente viva, de verdade. Será que, nesse caso, havia igualdade de oportunidade? Mais ou menos. Mas o que não era "igual" era o ser, a constituição das pessoas que começaram a procurar pela serpente. Também aqui encontramos um eco dessa idéia na parábola cristã do semeador. O chão fértil, em contraposição ao chão estéril e ao terreno infestado de ervas daninhas, representa o ser da pessoa que ouve a Palavra, recebe a semente.

Parece que, quando um mestre divulga uma idéia na sociedade – o conceito do Yin e do Yang, por exemplo –, ela inevitavelmente se distorce. O mestre chega, num momento, a uma compreensão profunda; e, quando procura transmitir – embora de maneira aproximada – essa compreensão a um discípulo, ele faz uso de um conceito, uma parábola, uma seqüência de movimentos, um símbolo. Não se trata nunca da experiência que ele teve, mas de uma representação dela. Suponha que ele compreenda que a quantidade de "ouro" de sabedoria que pode circular é limitada. É possível que essa idéia seja compreendida pelos seus discípulos mais chegados, mas ela também "vaza" para aqueles que não a compreendem no coração, mas só na mente, no pensamento. Eles, por sua vez, repetem-na para os seus próprios alunos, e de repente ela se transforma na idéia de que os ensinamentos devem ser mantidos em segredo. Começou ela como a idéia de que o número dos que são capazes de compreender é limitado, e transformou-se na noção de que o segredo é muito importante. A via foi esquecida; somente o dogma permanece.

Desenvolvendo o mesmo tema, podemos observar também que o segredo é (ou era) uma característica marcante da tradição das artes marciais. As técnicas marciais eram conservadas dentro da família ou do clã. É possível que essa tradição tenha se iniciado por motivos muito práticos e comuns. Por exemplo, se o seu inimigo conhece seus métodos, ele está mais bem preparado para enfrentá-lo em combate – por isso, você não revela seus métodos a ninguém fora da família, nem mesmo aos parentes por afinidade! Suponha que essa prática tradicional entre em contato com a corrupção da idéia de que a quantidade de "ouro" é limitada – com a noção da importância do segredo. As duas noções passam a reforçar-se mutuamente. Sua atitude estratégica ganha uma justificativa filosófica. A História antiga e moderna contém muitos exemplos de idéias religiosas, filosóficas e científicas que foram usadas para fins pessoais e nacionalistas – não raro com conseqüências nefastas para todos os envolvidos. Desse modo, uma doutrina que originou-se de um esforço de elevar a humanidade transforma-se num meio de levar essa humanidade à derrocada. Não admira, pois, que os primeiros taoístas tenham conservado em segredo o seu estilo de vida e os seus métodos de treinamento! Eles tinham vários bons motivos para agir dessa maneira.

Em alguns relatos desse estilo de vida, que foram publicados em livros ou proclamados abertamente, destaca-se um conceito fundamental: o conceito de hierarquia. Atualmente, "hierarquia" não é palavra politicamente correta: vai diretamente contra a palavra da moda, "igualdade". A família real britânica foi investigada, fotografada, espionada e, de modo geral, desacreditada e aviltada de um modo que, há poucas décadas, seria inconcebível. Os professores, os pais, a polícia, o governo e todas as pessoas investidas de autoridade são desrespeitadas. O fato de elas merecerem respeito, ou não, é outro problema. Mas a própria noção de que algo ou alguém pode ser mais importante do que o famoso "homem comum", ou a idéia de que alguém pode ser, de algum modo, "melhor" do que outra pessoa, são anátema nos dias de hoje. Há muitos exemplos, mesmo assim, da invalidade desse anátema. Os meios de comunicação adoram dizer que é uma "vergonha" ou um escândalo que esta ou aquela pessoa seja tratada desta ou daquela maneira, e isso implica uma espécie de critério, que implica, por sua vez, uma noção de hierarquia.

Esse conceito fazia parte de filosofia taoísta. Os taoístas, ou os médicos chineses, ou os predecessores tanto de um quanto de outros, descobriram que na natureza humana convivem diversas energias: *chi* significava a energia vital; *ching*, a vitalidade; e *shen*, o espírito. Embora isso não se possa expressar em termos quantitativos, *shen* ou o espírito era concebido como o ápice da energia humana, a energia mais excelsa. Numa comparação com o espectro luminoso, ela estaria na faixa do ultravioleta ou mesmo além. Abaixo dela vinham o *ching* e o *chi*. Os taoístas ensinavam que *shen* de certa maneira "rege" ou "governa" as outras energias, e que cada energia inferior a *shen* rege as que lhe são por sua vez inferiores. Portanto, existe uma hierarquia. Se um elemento, uma energia da hierarquia, estivesse fraco ou em más condições de operação, o todo seria afetado. Mas, para a "saúde" em geral, o mais importante era o *shen* ou o espírito.

Esse conceito também encontrou aplicações no campo político. Os taoístas ensinavam que, se o Imperador fosse desatento e negligente, seus ministros descuidariam de seus deveres; os subordinados dos ministros, por sua vez, seriam desleixados, o que afetaria os comerciantes, e por meio deles os camponeses; em pouco tempo, o país inteiro estaria arruinado. Assim como ocorre num único ser humano, ocorre no país todo. Entre os seres humanos e o céu, existe uma hierarquia. Quem a perturba corre perigo.

A filosofia taoísta tem como um de seus objetivos o fluxo livre e desimpedido de energias entre diversos níveis. A relação que existe entre o *chi* e o Sangue, que é uma substância energeticamente inferior, é um exemplo disso. Para os chineses, o Sangue não era o sangue de si mesmo, mas as funções do sangue. O *chi* ajuda a governar o sangue, e este – quando bem regulado – pode ajudar a alimentar o *chi*. O treinamento taoísta procurava facilitar esses processos. Suponha, pois, que por meio do estilo de vida e do treinamento dos taoístas essa hierarquia da natureza humana pudesse ser conduzida à sua máxima perfeição. Para que serviria isso?

Trata-se de uma questão importante, sobre a qual vale a pena refletir. Depois de entrar em contato com centenas de artistas marciais, pretendentes a artistas marciais, pesquisadores de segredos, etc., a experiência me diz que essa questão se apresenta com freqüência. As pessoas me telefonam, batem na porta do meu escritório e vêm às minhas aulas em busca de alguma coisa. Muitas delas têm preferência por artes marciais ligadas ao Taoísmo, como o Tai Chi Chuan. Pode-se dizer que elas estão procurando uma serpente viva, depois de ter encontrado algumas peles de serpente. Elas querem saber se eu sei onde a serpente está. Eu faço o que posso a cada momento. É um dilema. É um dilema porque as pessoas em geral não compreendem que é impossível mudar e continuar o mesmo ao mesmo tempo. Se você pedisse a cem pessoas que acordassem meia hora mais cedo a cada manhã por três meses, quase nenhuma delas seria capaz disso. Não seriam capazes de mudar, nem mesmo nessa mínima medida. Se você lhes chamasse a atenção para esse fato ao cabo dos noventa dias, todas encontrariam uma excelente razão, desculpa ou justificativa para não ter conseguido. O que poucas compreenderiam que o mais importante é saber que se é incapaz. Se elas não conseguem acordar meia hora mais cedo pela manhã, de que serve sonhar com a transformação taoísta? A filosofia taoísta exige muito mais disciplina do que a que é necessária para se acordar às sete em vez de às sete e meia. Mas as pessoas sempre querem fazer algo grandioso e difícil: não querem ser "fiéis nas pequenas coisas".

Então, um dos fatos demonstrados por tudo isso é que muitas pessoas, ao aproximar-se do Taoísmo, do Ba-guá ou do Tai Chi, estão em busca de um milagre. Não querem fazer a parte difícil do trabalho. A serpente viva que estão buscando é um milagre. A nossa próxima pergunta, portanto, deve ser a seguinte: será que tenho autoridade para sair em busca de um milagre? Será que você tem? A meu ver, você tem. É um princípio alquímico que o autoriza a tanto. O tema da alquimia taoísta era o milagre da transformação do "chumbo" em "ouro", da transformação do plano comum da vida no ouro da compreensão. Se você assistiu ao filme *O Tesouro de Sierra Madre*, há de lembrar-se que o pequeno bando comandado por Humphrey Bogart conseguiu acumular ouro em pó, mas depois foi atacado e assaltado por bandoleiros e o ouro em pó foi lançado aos ventos. Os bandoleiros não sabiam o que era o ouro em pó. Nosso estado é semelhante ao deles. O primeiro milagre de que precisamos é o de reconhecer o ouro quando o encontramos. "O ouro está onde você o encontra" – esse ditado tem a sua razão de ser. Portanto, é este o nosso primeiro obstáculo: reconhecer o ouro.

No Ba-guá, deparamos com muitas idéias, movimentos, técnicas e sugestões. Mesmo que as coisas que escrevi só estejam aproximadamente corretas, é certo que "há ouro nas colinas" no Ba-guá. Sugiro que você encare o Ba-guá como meio de compreensão e tenha isso em mente durante o treinamento. Estude-o em vista de tudo o que ele pode ensinar-lhe a respeito de você mesmo. Não o conceba como um fim em si: se fizer isso, você estará voltando as costas à própria finalidade para a qual ele foi criado.

As idéias dos taoístas e da escola do Yin-Yang passaram para diversos aspectos da vida na China. Um dos exemplos mais notáveis é a arte da pintura. Ao passo que os artistas marciais aplicaram essas idéias ao movimento e ao espaço, os pintores aplicaram-nas aos objetos e ao espaço. O nome do princípio que se aplica nesse caso é *k'ai-ho*, ou "expansão e contração". Essa idéia foi incorporada por alguns estudiosos do Tai Chi e do Ba-guá e recebeu, nos idiomas ocidentais, o nome de Abertura e Fechamento. Trata-se evidentemente de um exemplo da operação do Yin e do Yang.

As obras de arte mais apreciadas na China sempre têm um equilíbrio entre o espaço e os objetos. Os artistas discorrem acerca da tensão que existe entre os dois ou do modo pelo qual eles se afetam mutuamente. Quer o espaço seja o céu ou simplesmente uma superfície colorida que serve de fundo, e quer os objetos sejam montanhas, animais ou brotos de bambu, o equilíbrio existe sempre. As impressões detalhadas captadas pelos verdadeiros conhecedores da arte estão além do nosso alcance, mas não é difícil perceber que existe um contato tangível entre o espaço e os objetos. Isso se desenvolve ainda mais na idéia de que a abertura ou expansão quase exige uma contração ou fechamento. Simplificando, o espaço pede um objeto e o objeto pede o espaço.

O artista capta essas exigências simultaneamente – ou seja, ao abrir espaço, ele sente a necessidade de um objeto, e vice-versa. Ao executar um movimento expansivo no Ba-guá, o praticante tem consciência da contração que virá a seguir. Ao estender os braços no Dragão Vira a Cabeça, ele sabe que logo terá de cruzar e flexionar os braços. Essa consciência, tanto no artista quanto no praticante do Ba-guá, indica que ele subiu um degrau na escala da percepção. Tanto num campo quanto no outro, é pouco provável que um iniciante tenha consciência disso. Ao fazer um movimento, o principiante está, em geral, muito preocupado com esse mesmo movimento. O movimento seguinte geralmente se apresenta como uma etapa quase totalmente separada. É claro que não se pode exigir outra coisa de um principiante, mas é isso que causa a hesitação, o caráter desajeitado dos movimentos. O estudante não vê a Forma como um todo fluente que expressa o princípio de *k'ai-ho*.

Nas pinturas encontramos também o princípio – que faz parte do Ba-guá e das artes marciais em geral – de que deve haver um equilíbrio entre movimento e imobilidade. Na pintura da *Vaca entre os Salgueiros*, de Ch'i Pai-Shih, por exemplo, a vaca aparece embaixo como um corpo sólido volumoso, e ramos de folhagem longos e finos erguem-se por trás dela. Acima voam dois passarinhos. O resto é espaço. A solidez da vaca dá uma impressão de imobilidade, e a folhagem e os passarinhos dão a impressão de movimento. Nas artes marciais, a imobilidade está na concentração da atenção e na preservação do centro de gravidade ao redor do qual acontecem os movimentos. No Tai Chi, por exemplo, o que dá uma qualidade especial aos movimentos lentos dos braços é o centro firme e arraigado, que vai do abdômen até os pés. Se você tentar executar esses movimentos com as "pernas fracas", por assim dizer, os braços imediatamente perderão alguma coisa. Se você fortalecer as pernas, os braços mudarão de imediato.

Na pintura, nós temos um objeto acabado. Nas artes marciais, temos o movimento. No entanto, os mesmos princípios se aplicam a uma e às outras. Quero acrescentar, a título de ilustração, que uma terapeuta do movimento a quem eu respeito me contou que um grande número de praticantes do Tai Chi vai procurá-la para tratamento. Essas pessoas incorporaram o princípio de enfatizar-se no solo, de deixar cair o peso, mas esqueceram-se do ir para cima. Estão como que desmoronando, e batem na porta do consultório dela pedindo uma retificação urgente. Isso tem relação com o *k'ai-ho*. Com a subida, há a descida. Com a descida, há a subida. Não há nenhum princípio no Tai Chi que mande *só descer*. A cabeça deve estar como que "suspensa por um único fio de cabelo", o que implica um movimento ascendente. O equilíbrio perfeito está na simultaneidade dos movimentos ascendentes e descendentes. Isso se aplica ao Ba-guá. Além disso, a simultaneidade de movimentos opostos não se restringe à dimensão vertical, mas pode aparecer também nos movimentos laterais. Quando você vira ou caminha para a direita, deve prestar alguma atenção à esquerda. Nada é totalmente Yin ou Yang; sempre há, ou deve haver, um elemento do sentido oposto no sentido principal do movimento. Esse equilíbrio entre o Yin e o Yang existe naturalmente no mundo da natureza. Nós, na qualidade de pessoas civilizadas, caímos num nível de existência estreito e limitado, que não só não reconhece a existência de três forças (veja a página 148) como precisa até ser lembrado da existência de duas! *Só descer* significa que nós só temos consciência de uma. Do ponto de vista objetivo, isso nos situa num nível inferior ao do ser humano normal.

Quanto ao estado atual das artes marciais do Ocidente, e do Ba-guá em particular, temos um número relativamente grande de pessoas dotadas de alto grau de habilidade física. Algumas delas dedicaram um bom tempo da sua vida ao treinamento e ao desenvolvimento. Quando as vemos em ação, percebemos que, no corpo, elas captaram uma boa parte dos princípios sobre os quais falei. Um número menor dentre elas também estudou intelectualmente as teorias, a história e os aspectos secundários da arte que escolheu. Quase nunca aconteceu, porém, de a associação desses dois aspectos – físico e intelectual – ter provocado um certo resultado difícil de definir numa única palavra. Poderíamos usar os termos *sabedoria* ou *entendimento*, mas o que eles significam? Trata-se de algo que eu, na adolescência, tinha a esperança de encontrar nas artes marciais. Essa expectativa é legítima porque as artes marciais veiculam essa mensagem. Infelizmente, eu não encontrei o mensageiro, e tive de procurá-lo e encontrá-lo fora do mundo das artes marciais. Por outro lado, as artes marciais de fato modificam o caráter em certa medida – às vezes para melhor, mas nem sempre. Às vezes, o sucesso e as capacidades que decorrem das artes marciais só serve para dar às pessoas um ego ainda maior do que tinham originalmente.

Embora seja verdade que os ocidentais, eu inclusive, não compreendem os orientais, isso não significa que nós somos incapazes de julgar as artes marciais do Oriente ou os instrutores orientais. Para julgá-los, nós não partimos das bases e antecedentes culturais do Oriente, mas do nosso próprio ponto de vista. É só ele que nós temos. Essas artes vieram e lançaram raízes no Ocidente. Se elas cresceram, foi em solo ocidental e alimentadas com nutrientes ocidentais, e foi o paladar ocidental que sentiu-lhes o gosto.

CAPÍTULO 10

O BA-GUÁ E O I CHING

Hoje em dia, muita gente já ouviu falar do *I Ching* ou *Livro das Mutações*. Ele nasceu de um antigo método de previsão do futuro que a certa altura foi sistematizado. Os diagramas básicos do sistema são chamados trigramas e são em número de oito. Cada trigrama consiste num conjunto específico de linhas inteiras e interrompidas, como mostra a Figura 90. Mais tarde, os trigramas foram combinados em hexagramas, ou seja, diagramas de seis linhas, como mostra a Figura 91. Eles são 64 ao todo. O *I Ching* era venerado por Confúcio e tem sido usado como arte divinatória há séculos. Existem as interpretações clássicas e aceitas e as interpretações independentes elaboradas pelas pessoas que o consultam. Sua popularidade no Ocidente no início deveu-se ao interesse que por ele demonstrou Jung, o famoso pai da psicologia analítica. Os nomes dos oito trigramas básicos são os seguintes:

QIAN GEN LI KAN XUN ZHEN KUN DUI

A linha inteira é considerada Yang, forte, e a linha interrompida é Yin, fraca. A interpretação das disposições das linhas em conjuntos de três exige muito estudo. Para come-

Figura 90: O trigrama Li – um dos Ba-guá

Figura 91: Combinação de dois trigramas, gerando um hexagrama

çar, é preciso compreender a atitude dos chineses em relação às linhas e às idéias de Yin e Yang, fraco e forte. Uma abordagem simplista e irrefletida de nada vale. Ao estudar-se o *I Ching*, é essencial voltar aos princípios e penetrar cada vez mais fundo nas sutilezas.

Se a linha forte está embaixo, tira-se daí uma conclusão; se está em cima, a conclusão é outra; se as três linhas são fortes, trata-se de uma configuração plenamente Yang ou masculina; se as três são fracas, indica-se uma configuração completamente diferente. De qualquer modo, porém, pode ser que o primeiro sentido que você atribui às palavras *forte* e *fraco* não seja o mais apropriado.

Como é de rigor na tradição chinesa, o caráter venerável do *I Ching* e dos seus trigramas e hexagramas fez com que eles fossem aplicados a todos os aspectos importantes dos afazeres humanos. Assim, na medicina e no que poderíamos chamar grosso modo de cultura física, os trigramas foram correlacionados, numa certa ordem, com os órgãos do corpo, as energias do corpo, as partes do corpo, etc. O modo ocidental de pensar pode nos impedir de ver a razão de algumas dessas correlações. Mas, quer o vejamos, quer não, no Ba-guá nós temos uma arte marcial interna que se baseia totalmente nos trigramas do *I Ching*. Em outras palavras, não é verdade que o Ba-guá teve uma origem independente e depois as partes do *I Ching* foram-lhe como que acrescentadas por motivo de prestígio (prática que não é de todo desconhecida na história cultural da china). Por isso, convém por ora suspender o juízo e estudar o assunto; esperar para ver.

Figura 92: Os Oito Trigramas – Ba-guá – dispostos em círculo

À semelhança de um outro instrumento venerável da filosofia chinesa – os Cinco Elementos –, os trigramas costumam ser dispostos em círculo para evidenciar as relações cíclicas que os unem em qualquer situação dada. Já vimos que os praticantes de Ba-guá caminham em círculo. Na parte mais teórica do estudo da arte, os trigramas se dispõem no círculo como mostra a Figura 92. As opiniões sobre qual deve ser essa configuração variam, mas a idéia cíclica fundamental é a mesma em muitas artes marciais.

LI	Falcão
ZHEN	Dragão
KAN	Serpente
DUI	Macaco
XUN	Fênix
GEN	Urso
QIAN	Leão
KUN	Unicórnio

Neste arranjo, os trigramas relacionam-se com os animais do Baguá, cujas características são como que refletidas pelo trigrama de que se trata. Qian, por exemplo, constituído de três linhas cheias, Yang, relaciona-se com o leão, que na concepção ocidental é o rei dos animais e é dotado de poderosas qualidades Yang. No pólo oposto encontramos Kun, o unicórnio; as três linhas interrompidas representam a tímida criatura mítica, dotada de qualidades suaves e femininas.

Também os movimentos do Ba-guá, por sua vez, são relacionados com os animais. As Palmas ou técnicas de mão do leão são as mais poderosas, e as do unicórnio são as mais suaves e fluidas. Temos, assim, um quadro contínuo de relações no qual os trigramas fundamentais estão ligados aos oito animais e os animais determinam as oito Mudanças da Palma fundamentais do Ba-guá. Ao caminhar no círculo, o praticante do Ba-guá passa pelos oito trigramas e executa as técnicas próprias de cada trigrama. Não se deve interpretar isso de forma demasiado literal. Em outras palavras, ao andar no círculo, o praticante não executa as oito técnicas no mesmo ciclo. Antes, ele perfaz o círculo diversas vezes, concentrando-se numa única Mudança – Kan, a serpente, por exemplo – e ensaiando esses movimentos. Isso evidencia um desvio simples da teoria em relação à prática. Contrasta com os ciclos de movimentos da energia pelo corpo, com os ciclos relacionados com as estações e as horas do dia e com todos os ciclos (por assim dizer) "fixos".

As oito Mudanças da Palma ecoam a idéia básica de *mutação* do *I Ching*. Na interpretação do *I Ching* e na percepção das flutuações do Yin e do Yang, esse elemento é importante. A arte do Ba-guá tem maneiras fluentes e engenhosas de passar de uma Mudança da Palma para outra. Elas ecoam a sutileza da interpretação do *I Ching*, no qual cada trigrama, além de ter o seu próprio significado, toma também o matiz dos trigramas que o ladeiam. O praticante executa a Mudança da Palma associada, por exemplo, ao Dragão, que podemos chamar de mudança fundamental; mas, ao começar, ele acabou de sair de outra Mudança da Palma, e ao terminá-la começa ainda outra Mudança. Voltando ao *I Ching*, percebemos nele que a influência dos trigramas ou hexagramas anterior e posterior se exerce sobre a interpretação daquele que está sendo considerado principalmente. O meio é levedado pelo que vem antes e o que vem depois. Do mesmo modo, o miolo do hexagrama toma o matiz das linhas de baixo e de cima.

Por isso, na execução dos movimentos de qualquer animal ou Mudança da Palma, os trigramas podem colaborar para a interpretação do movimento. Como seis das Mudanças da Palma incluem elementos que consistem numa mescla de Yin e Yang, de suave e duro, de ação espiralada e linear, o corpo deve adaptar-se a essas indicações. Isso tem de acontecer de qualquer maneira, pois é determinado pela aptidão dos músculos e articulações do praticante e também pelas ações que dele são exigidas. Se o praticante sabe que deve executar uma ação Yin, mas sabe também que o movimento seguinte será Yang, esse conhecimento inevitavelmente deixará sua marca sobre sua atividade. O Ba-guá exige uma habilidade e uma autocompreensão que se refletem, entre outras coisas, na capacidade de executar com destreza as mudanças, as passagens de um movimento a outro, de uma Mudança da Palma a outra. Trata-se de um desafio considerável.

Antes de passar a outro aspecto dos trigramas, vamos examinar de modo um pouco mais detalhado uma Mudança da Palma, lembrando-nos sempre do que foi dito acima.

Tomemos o movimento chamado o Dragão Negro Vira a Cabeça para a Direita. Você está caminhando no círculo em sentido horário, como na Figura 93. A postura do corpo está relativamente aberta, Yang, no lado direito, e relativamente fechada, Yin, no esquerdo. Você se aproxima da Mudança da Palma, consciente de que ela vai começar. Vo-

Figura 93: Postura do Dragão Negro

Figura 94: Passo em V

Figura 95: Passo em T

Figura 96: Abertura

cê vai executar um movimento mais Yin, fechando os pés num passo em V, cruzando os braços junto ao corpo, em diversos estágios que na realidade constituem um único movimento fluente. O fato de que você vai executar essa mudança o influencia, mesmo que você não o perceba conscientemente. Então, quando você trouxer o pé esquerdo à frente para fechar o passo em V, como na Figura 94, procure tomar consciência da atividade dos músculos, do estado de tensão deles e dos seus próprios pensamentos, se você estiver pensando. Você "sabe" o que vai fazer? Você dá um passo para longe do centro, como na Figura 95, abrindo um pouco mais, Yang, e depois dá outro passo em V, Yin, cruzando os braços junto ao corpo, Yin, e gravitando em espiral para o seu próprio centro, Yin, como uma mola prestes a ser solta. Se você executar o movimento com lentidão e cuidado, vai perceber como o corpo se prepara para o movimento seguinte e deixa para trás o anterior. Agora, então, a "mola" Yin está prestes a se soltar num giro Yang. Seus braços se abrem para a esquerda, Yang, como na Figura 96, e, dando um passo, você volta à primeira postura, caminhando desta vez no sentido anti-horário, mais Yang do que no movimento anterior e mais aberto do lado esquerdo, mais fechado do direito.

Observe que cada um dos movimentos da Mudança da Palma tinha a sua própria carga Yin-Yang, e que no decorrer da Mudança como um todo o predomínio do Yang passou do lado direito para o lado esquerdo do corpo – ou seja, o predomínio de Yin e Yang se inverteu. Dentro da Mudança ocorreram um grande número de pequenos ajustes que envolveram o corpo inteiro: os músculos, a respiração, a "intenção". Essas coisas podem afigurar-se-lhe, agora, como detalhes insignificantes, mas, se você procurar desenvolver um interesse por elas, o trabalho valerá a pena. Como o movimento em si é um movimento do dragão, ele deve conter todo o poder e a agilidade que associamos a essa criatura.

É claro que a velocidade do movimento do corpo é maior que a dos nossos processos normais de pensamento. As considerações teóricas acerca das mudanças de um trigrama para o outro parecem longas e laboriosas quando comparadas com o movimento físico. Mas, com paciência, você pode chegar a analisar cada segundo do seu movimento e a senti-lo de maneira muito diferente. Ao fim e ao cabo, essa análise tem de ceder lugar a uma execução fluente; mas, com o estudo e treino, essa mesma execução poderá sintetizar em si todas as análises.

Nas suas reflexões e cogitações, os mais eruditos dentre os praticantes do Ba-guá relacionaram os trigramas a diversas partes do corpo. Eis uma das interpretações:

QIAN	cabeça
LI	coração
KUN	abdômen (meio)
XUN	vértebras inferiores
GEN	pescoço
ZHEN	abdômen (do lado esquerdo)
DUI	abdômen (do lado direito)
KAN	rins

Esse arranjo tem várias interpretações, mas, como na Medicina Chinesa Tradicional, ele pode ser concebido como um mapa da distribuição de energias.

A mesma teoria médica divide as influências que agem sobre a vida de um ser humano em duas fases principais: antes do nascimento (Pré-Natal) e depois do nascimento (Pós-Natal). A partir de um certo ponto de vista, a fase Pré-Natal é pura: não entra em contato direto com nenhuma das influências "corruptoras" e contraditórias da vida no mundo exterior. Os oito trigramas, na configuração Pré-Natal, estão representados na Figura 97.

A disposição dos oito trigramas na configuração Pós-Natal está na Figura 98. A teoria afirma, além disso, que embora o mundo exterior tenha influências corruptoras, o estado Pré-Natal também pode ser marcado por fraquezas e defeitos de um tipo ou de outro.

Na opinião de alguns praticantes, o Ba-guá pode funcionar como uma ponte entre os dois estados – de modo que o trabalho Pós-Natal possa remediar os defeitos do estado Pré-Natal, as características necessárias do estado Pré-Natal possam ser introduzidas no estado Pós-Natal, e os dois, assim, possam integrar-se. O Pré-Natal é considerado Yin e o Pós-Natal, Yang. Quando duas configurações são dispostas uma dentro da outra, o diagrama resultante é o da Figura 99.

Talvez não seja excesso de imaginação dizer que essa configuração, sob um certo aspecto, nos faz lembrar da passagem bíblica: "O lobo morará com o cordeiro, e o leopardo se deitará com o cabrito"

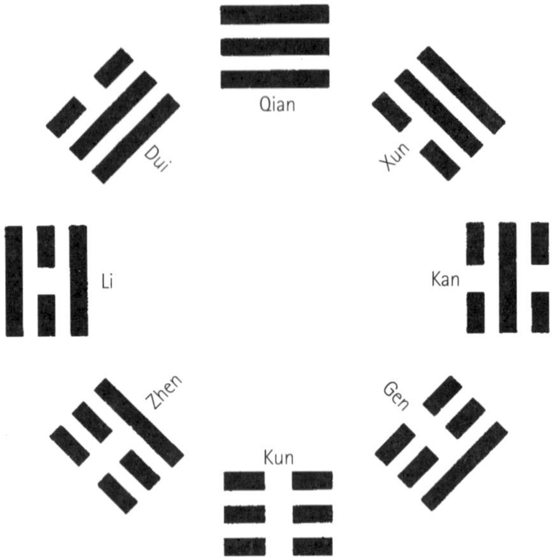

Figura 97: Configuração Pré-Natal dos Ba-guá

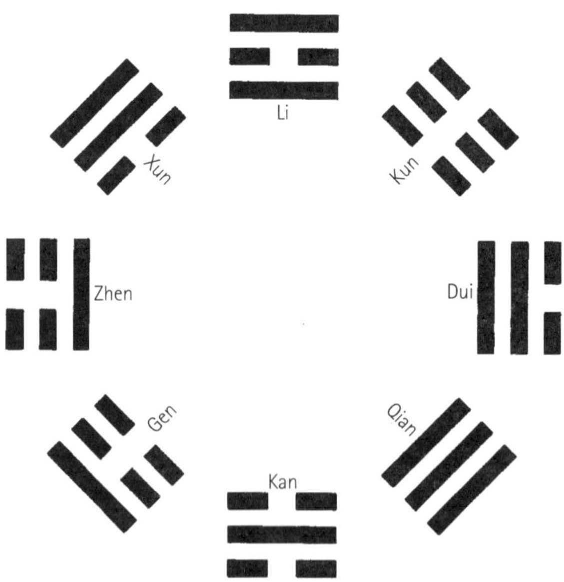

Figura 98: Configuração Pós-Natal do Ba-guá

(Isaías 11:6). Fantasiosa ou não, a configuração sugere a união, na mesma pessoa, de qualidades que à primeira vista parece excluir-se uma à outra. Por exemplo, como pode a qualidade do lobo numa pessoa conviver com a qualidade de cordeiro? Num nível físico simples, podemos dizer que a pessoa tem de ser capaz de demonstrar grande força, autoconfiança e poder, como o lobo, e ao mesmo tempo ter um caráter brincalhão, suave e inocente como o de um cordeiro; tem de manifestar os movimentos ágeis, sinuosos e rápidos da serpente e, ao mesmo tempo, a força pesada do urso; e assim por diante, segundo as diversas combinações.

No nível do funcionamento do corpo, as configurações dão a entender que as diversas partes do corpo – que podem ser naturalmente mais fracas ou mais fortes num indivíduo específico – devem ser como que homogeneizadas. Uma parte não deve predominar sobre a outra, não deve ser excepcionalmente forte ou fraca em comparação com a outra. Dão a entender também que as qualidades já presentes no nascimento e as que são adquiridas no decorrer da vida devem se equilibrar. O desafio existe, e o Ba-guá nos diz que ele pode ser vencido. Sob o aspecto mais simples, isso é fácil de compreender. Se uma pessoa nasce com uma constituição fraca, o simples fato de treinar Ba-guá há de ajudá-la a remediar o problema. Nesse caso, o estado Pré-Natal é incrementado pelo Pós-Natal. Inversamente, temos por exemplo o caso de Sun Lu Tang, que veio ao mundo e encontrou um estado Pós-Natal terrível, mas a sua capacidade inata de enfrentar as dificuldades, trabalhar e estudar habilitou-o a superar esse estado.

Ao colocar-se nessa posição, o Ba-guá se apresenta como uma Via, na medida em que procuro compreender o que eu sou e qual é a minha relação com o universo. Nessa jornada, a bússola, por assim dizer, é o Ba-guá do *I Ching*.

PRÁTICA

Mas este livro não trata de filosofia e, como existem centenas de livros acerca da filosofia e do sentido do *I Ching*, voltemos a um uso mais simples, talvez simplista, dos trigramas em sua relação com o movimento.

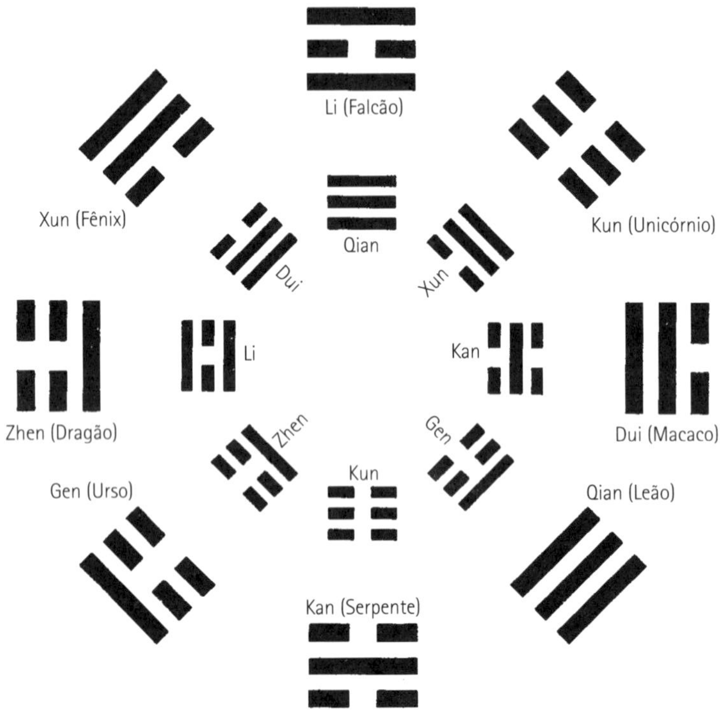

Figura 99: Combinação das configurações Pré-Natal e Pós-Natal

Tomemos a segunda Mudança da Palma, que começa idêntica à primeira, e analisemos cada movimento. Essa análise nos permitirá escolher um trigrama apropriado. Começamos andando no círculo no sentido anti-horário; a mão esquerda aponta para o centro do círculo e a direita "guarda" o cotovelo esquerdo e a caixa torácica.

O primeiro movimento novo consiste em virar o pé direito para dentro num passo em V, como na Figura 100. Neste caso, os pés fechados indicam uma linha fechada, Yin: uma linha interrompida embaixo. O meio do corpo, onde a virilha e o abdômen também estão fechados, indica também o Yin: uma linha interrompida no meio. A parte de cima, mais aberta à esquerda, indica o Yang: uma linha plena. Mas é agora que a análise fica interessante. Embora o Yin possa ser interpretado como "fraco", neste caso ele não significa "fraco" no sentido mais comum, pois o passo em V é uma posição forte das pernas, dotada de grande potencial. Do mesmo modo, a virilha e o médio abdômen estão cheios de uma força potencial. Os braços também expressam, em certa medida, o potencial dos movimentos dos pés e das pernas, de modo que o Yang, nesse caso, é evidente. Começamos, portanto, a perceber que o significado do Yin é mais amplo e mais profundo do que parece de início. Isso nos lembra do dito de que, quando um processo Yin ou Yang atinge o seu ponto extremo, a fase seguinte é o princípio do seu oposto: o extremo do Yin é o Yang em potencial e o extremo do Yang e o Yin em potencial.

No segundo movimento, que dá continuidade ao Dragão Negro Vira a Cabeça para a Esquerda, o pé esquerdo dá um passo aberto no sentido oposto ao centro do círculo. Abrem-se os pés, Yang, o meio do corpo, Yang, e ainda mais aos braços, Yang.

O terceiro movimento, no qual inicia-se O Falcão Voa para o Céu, tem mais um passo em V, Yin, abdômen fechado, Yin, e os braços cruzados junto ao corpo, Yin. Isso mostra que esse movimento é ainda mais "concentrado" que os anteriores. É uma posição completamente Yin ou fechada, à espera da abertura. Lembrando-nos a idéia de que o trigrama anterior (neste caso, o que constituiu o movimento anterior) matiza e de certa forma prepara o seguinte, vemos que um Yang forte gerou um Yin também forte.

O quarto movimento, que dá continuidade ao Falcão, aproxima os pés um do outro, fechando-os; portanto, Yin. Mas, neste caso, uma análise cuidadosa nos faz perceber outra coisa. No movimento anterior, com o passo em V, os pés estavam fechados na frente, Yin, mas os calcanhares estavam bem afastados atrás, Yang. O abdômen e o peito es-

Figura 100: Passo em V

tavam fechados na frente, Yin, mas abertos atrás, Yang. Do mesmo modo os ombros, fechados na frente e abertos atrás. Por isso, não podemos deixar de pensar que *qualquer* posição fortemente Yin ou Yang gera a posição oposta em algum lugar do corpo.

Você pode se perguntar, nesse caso, se a nossa análise é válida. Ela é, desde que você relacione a análise do Yin e do Yang com a *intenção.* Isso significa que, embora uma posição do corpo possa apresentar traços Yin e Yang, a importância relativa do Yin em relação ao Yang e vice-versa ficará clara se for considerada a partir da pergunta: "O que eu estou querendo fazer?" No caso do passo em V, a intenção era de fechar-se, preparando-se para a abertura no movimento seguinte, de modo que o Yin do passo em V prevalecia sobre o Yang. Trata-se de uma demonstração simplista do princípio de que o Yin e o Yang constituem o *tao*, caso demos a *tao* o sentido de "direção" – neste caso, "intenção".

Voltando ao quarto movimento, uma mão é lançada para cima e a outra é movimentada para baixo, abertura e fechamento ao mesmo tempo. Mas, como o movimento principal do corpo é o de agachar-se, podemos concluir com o Yin em cima. O meio é aberto, Yang.

O quinto movimento dá início à mudança da Serpente Branca. As pernas se separam e os pés voltam-se para fora, Yang. Os braços estão mais ou menos abertos ao lado do corpo, Yang, e o peito está aberto, Yang. Mas, no geral, a postura tende para baixo, ou seja, é Yin, de modo que o quadro Yang dado pela posição aberta do corpo é contrabalanceado em certa medida por este fator Yin. Vemos agora o quanto é necessário analisar cuidadosamente os diversos fatores e associar essa análise a uma "sensação" experiente acerca do que está acontecendo.

O quinto movimento transforma-se no Dragão Negro Vira para a Direita. Mais uma vez, temos um movimento Yin.

No sexto movimento, por fim, o Yin do movimento anterior se abre e nós viramos à direita para caminhar no círculo no sentido horário.

Os parágrafos anteriores podem até parecer complicados de início, mas não são. Você logo há de percebê-lo claramente se dedicar-se diversas vezes a pensar e a analisar. Só para mostrar como essa análise pode ser ainda mais detalhada, examinemos apenas os dois últimos movimentos, como nas figuras 101 e 102. Se você observar a Figura 103 e *fizer* o movimento – não apenas pensar nele –, verá que, ao levantar os braços à frente do corpo, Yang, partindo da posição anterior que era especialmente fechada, Yin, o braço direito sobe mais, é mais Yang, e o esquerdo fica baixo, é mais Yin. O peito levanta-se um pouco, Yang, mas o abdômen e as pernas curvam-se sobre o chão, Yin. Quando você passa os braços em arco para a direita, essa situação de Yin e Yang muda em relação à subida e à descida dos braços e do peito: passa-se do Yin para algo mais Yang e depois de volta a um relativo Yin.

UM CONSELHO

Não perca o ânimo caso tudo isso lhe pareça muito complicado. Tudo o que lhe é necessário é um certo grau de visualização, alguma consciência do corpo e a capacidade de traduzir, embora lentamente, palavras em ações. Quando eu era novo, os livros sobre judô (por exem-

Figura 101: Posição mais Yin

Figura 102: Posição mais Yang

Figura 103: Braços numa posição intermediária entre Yin e Yang

plo) tinham pouquíssimas ilustrações. Para usar o livro, era preciso visualizar para experimentar os movimentos descritos. Eu certamente fiz isso centenas de vezes, talvez milhares.

Tomemos uma ação específica – por exemplo, a que foi descrita no penúltimo parágrafo, acima. Seus braços, cruzados um sobre o outro, partem do lado esquerdo da sua caixa torácica, sobem a uma altura superior à da sua cabeça e descem do outro lado. Isso pode ser *visualizado* como um arco. Não há nada de difícil nisso. Então, quando você fizer o movimento, tome consciência da caixa torácica e perceba que ela de fato sobe e depois desce no decorrer do movimento dos braços. Isso é cultivar a consciência básica do movimento. Lembre-se que o sentido do Yin é, em geral, para baixo, e o do Yang para cima, e você terá o quadro:

Consciência – Visualização – Palavras

Se cultivar essas capacidades, você perceberá muitos modos pelos quais os trigramas do *I Ching* podem ser aplicados à interpretação dos seus movimentos.

CAPÍTULO 11

A MEDITAÇÃO TAOÍSTA

O escritor chinês Chang Chung Yuan fez esta tradução de um escrito de Chuang-tzu:

> Se puseres o corpo na postura correta e te concentrares no Único, a Harmonia Celestial descerá sobre ti. Apega-te à tua atenção interior e unifica-te com o Absoluto. Deus fará morada dentro de ti e tu habitarás com o Tao. Essa realização encher-te-á de alegria. Serás como o bezerro recém-nascido, que olha ao redor mas não deseja coisa alguma.

Chuang-tzu chama de "dragão" a luz que refulge da pessoa que chegou a esse estado.

Esse texto é inspirador. Emociona o leitor e abre uma esperança para o que busca a sabedoria. É profundo como qualquer típico ditado chinês: quase todas as palavras são cheias de conotações importantes. É como um diamante lapidado, uma obra de fina artesania, que nos inspira por ser tão "perfeita". Aquele que a contempla, que a lê, pode admirá-la e deixar-se inspirar por ela, mesmo sem saber como foi produzido esse objeto tão bem acabado.

Mas essa experiência traz em si algum perigo, por assim dizer. Se alguém crê que compreende o estado de que se trata, será verdade ou será ilusão? Uma coisa é emocionar-se, outra é compreender. Compreender significa ser capaz de penetrar por si mesmo nesse estado. Emocionar-se significa participar perifericamente da experiência por intermédio dos sentimentos. Se você assistir a uma excelente apresentação de Ba-guá, poderá emocionar-se e admirá-la. Isso não quer dizer, porém, que você seja capaz de praticar o Ba-guá do mesmo modo.

Examinando novamente o escrito, você deve perguntar-se o que significa "pôr o corpo na postura correta". Se você visse um sábio taoísta sentado ou de pé na "postura correta" e procurasse pôr-se na que se lhe afigurasse ser essa mesma postura, pode ter certeza de que a sua postura não seria mais do que uma aproximação. Os mestres marciais ou de qualquer sistema de exercício físico sabem quanta dificuldade os alunos têm para chegar até mesmo a algo próximo da postura correta. Um dos motivos desse fato é que a postura não depende somente do uso grosseiro dos músculos, mas muito mais do modo pelo qual o praticante se sente *lá dentro*. É esse sentimento interior correto que leva tempo para se descobrir. Muita gente, por exemplo, simplesmente não consegue relaxar a parte inferior das costas, exceto em mínima medida. O relaxamento dessa região pode ser alcançado por uma percepção mais profunda do estado dos músculos do tronco, mas pode realizar-se mais rápida e prontamente pelo cultivo de um sentimento diferente, de um sentimento que, no geral, é muito diverso dos sentimentos que costumamos ter no dia-a-dia. Por isso, pode ser que, para nós, o ponto mais significativo da primeira frase do texto seja o uso da palavra "se". "Se..."

Passando à parte seguinte do texto de Chuang-tzu, lemos: "...e te concentrares no Único." "Se... te concentrares no Único." Se você for capaz, é isso que deve fazer; mas, se não for, por onde começar?

De qualquer modo, se você levar a cabo as exigências afirmadas no início, "a Harmonia Celestial descerá sobre ti". Deixando de lado por enquanto a questão de saber se isso pode mesmo acontecer e como pode acontecer, essa parte final da primeira frase mostra o princípio do Yin-Yang em sua operação. O meditante tem de preparar-se de maneira bastante ativa, com a postura correta e a "concentração", o que indica um forte esforço Yang. Mas, para que desça a "Harmonia Celestial", ele tem de tornar-se Yin em relação à energia descendente, que é

Yang. Esteja preparado, mas como um ser humano, Yin, em relação ao Céu, Yang.

"Apega-te à tua atenção interior..." Primeiro é preciso ter atenção interior. O que significa isso? O que é a atenção? Deve ser algo semelhante aos sentidos, como a visão ou o tato. Há uma coisa, porém, que sabemos que a atenção não é: o *pensamento*. Todos os métodos de meditação têm de haver-se com o problema da conversação interior, da imaginação desenfreada, do devaneio. Há várias maneiras de resolver esse problema. Quando a mente se aquieta, a atenção sobressai um pouco mais. No Tai Chi, a atenção se centra nos movimentos lentos e corretos e mais tarde, talvez, na respiração e no relaxamento.

"E unifica-te com o Absoluto." Diz-se que essa unificação com o Absoluto é possibilitada pela fixação na atenção interior. O que isso significa, porém, não se pode descrever em palavras.

"Deus fará morada dentro de ti e tu habitarás com o Tao." O sentido disso também é indescritível – mas podemos supor que você habitará com o Tao porque Deus está lá. Só se Deus estiver lá poderá você habitar com o Tao.

O restante do trecho descreve como você vai se sentir e quais serão os resultados da experiência. A experiência Yang resultará nas experiências Yin. Estas últimas podem ser comparadas com algo que a maioria das pessoas não terá dificuldade para reconhecer: alegria, inocência e ausência de desejos. A experiência mais profunda que gerou esses frutos não pode ser posta em palavras.

Ilustramos assim um fato importante. Podemos dizer que todas as Vias verdadeiras têm três partes: a teórica, a filosófica e a prática. Para nós, esse texto de Chuang-tzu é teórico. Não é filosófico, pois não contém uma estrutura argumentativa lógica; não é prático, pois não podemos instantaneamente pô-lo em prática. Mas é prático à medida que apresenta uma série de etapas, de causas e efeito, embora desenhadas em tão grandes linhas que, como vimos, não dizem a ninguém o que "fazer"; por isso, é, a rigor, muito mais teórico. Mesmo quando essas etapas são analisadas e descritas com mais riqueza de detalhes, permanecem teóricas, quase filosóficas.

Há um caminho, por exemplo, ligado à idéia de alquimia sobre a qual já falei. Usa-se, em vez da palavra *ouro*, a expressão "elixir interior". O elixir interior da sabedoria, na teoria, é produzido pela ação de três forças: *chi, ching* e *shen. Chi* está ligado à energia da respiração, *ching* à vitalidade ou energia sexual e *shen* à consciência. Influenciando-se essas energias, o elixir interior pode ser produzido. Quando lemos fragmentos de ensinamentos taoístas relativos aos exercícios de respiração, ficamos sabendo que é para esse fim que os exercícios são praticados. As referências às transformações da energia sexual estão, do mesmo modo, ligadas à produção do elixir interior. Um dos efeitos dessas práticas é a revelação da consciência que existia antes de a pessoa nascer – uma consciência que, com efeito, foi encoberta pelo fato do nascimento e da existência no mundo. Essa possibilidade também é apresentada por alguns praticantes do Ba-guá, com destaque para Sun Lu Tang.

Outro fragmento do ensinamento taoísta nos diz que o ser humano é um microcosmo que existe num macrocosmo, o universo. Encontrar o elixir interior é começar a relacionar-se com o macrocosmo. Como o universo é feito de Cinco Elementos – madeira, fogo, terra, metal e água –; como os órgãos internos – rins, fígado, pulmões, baço e coração – correspondem, cada um deles, a um dos elementos; e como cada elemento é "produzido" pelo elemento precedente, o movimento da energia é sempre circular. Essa idéia tem íntima relação com a prática de andar no círculo no Ba-guá.

Essas explicações são todas muito interessantes. Ao mesmo tempo, nos deixam perplexos. Nós nos sentimos tentados a dizer: "Tudo bem; mas como *fazer* isso? Por enquanto, tudo não passa de teoria." O problema não está nas informações, nas explicações, mas em nós mesmos. Há história do promissor discípulo que foi aceito pelo mestre taoísta para aprender dele a meditação. Certo dia, o discípulo sentiu dentro de si uma enorme onda de energia, como se tivesse sido atingido por um raio. Todas as suas percepções normais desapareceram por cerca de meia hora ou mais. Quando voltou a si, ele sentia-se purificado, um novo homem. Relatou a experiência ao mestre e este respondeu-lhe que ele mesmo, mestre, já tivera essa experiência centenas de vezes e tivera de aprender a ignorá-la! Não há dúvida de que o discípulo levou algum tempo para desenvolver a mesma atitude... A história nos diz algo acerca das diferenças entre as pessoas. Um homem tem uma experiência excepcional e compreende o lugar que ela deve ocupar dentro de si. Outro tem a mesma experiência e é nocauteado por ela. Isso significa que as duas pessoas *não são iguais*. Trata-se de algo em que não estamos acostumados a pensar. Não faz parte dos nossos hábitos intelectuais. Nossa tendência é a de conceber as pessoas como mais ou menos iguais. Em particular, é muito provável que a pessoa que se interessa pelo conteúdo deste livro se ponha mais ou menos no mesmo nível das pessoas sobre as quais fala o livro – ou, se não se põe no mesmo nível, imagina que, com um pouco de esforço, pode chegar lá. Com mais algumas palavras de explicação, chegaremos à plena compreensão deste ponto.

A coisa não é tão simples. Já falamos sobre isso. Antes de compreender aquilo em que queremos nos tornar, temos de começar por compreender o que somos e como estamos. É esse o nosso maior obstáculo. As coisas que lemos na literatura taoísta referem-se a pessoas diferentes de nós – não só um pouquinho diferentes, mas muito diferentes. São textos escritos por pessoas diferentes de nós que dirigiam-se principalmente às pessoas suficientemente preparadas para compreendê-las – ou seja, não se dirigiam às pessoas comuns. Os que conhecem o Novo Testamento hão de lembrar que Jesus falava em parábolas às pessoas comuns porque estas, para usar o jargão das artes marciais, não faziam parte do "círculo interno" e jamais compreenderiam as coisas que ele dizia aos discípulos.

O Papel das Formas

Você deve estar se perguntando se eu não estou fazendo todo o possível para desencorajá-lo. Certamente não estou. Se você estiver disposto a aceitar que precisa antes de mais nada saber o que é e como está agora, já lhe será possível pôr o pé no caminho. Os taoístas contribuíram para a formação de certos estilos de artes marciais, e o Ba-guá, como vimos, é um desses estilos. Se você começar a estudar uma das Formas – digamos, uma das Oito Mudanças da Palma apresentadas neste livro –, começará imediatamente a descobrir como você está e o que você é.

Descobrirá como é difícil lembrar-se dos movimentos. Reiteradamente, você há de encontrar-se com os pés, os braços, a cabeça e o tronco na posição errada, com a inclinação errada, com o grau errado de tensão. E às vezes há de perceber que todas essas coisas estarão certas.

Se você continua treinando e estudando mas percebe que continua executando erroneamente os movimentos, é hora de parar e refletir. Por quê? As reflexões só você pode fazer.

Se você refletir com autoridade, há de admitir que não sabe produzir as ações desejadas da maneira desejada. E será forçado a reconhecer que *é assim que você é.* O resultado dessa aceitação pode ser uma nova apreciação, uma nova avaliação. E é essa nova avaliação, o novo pensamento e o novo sentimento, que podem ajudá-lo a fazer melhor o que você quer.

Tenho um aluno que há dois anos vem tentando aprender de mim o Tai Chi de estilo Chen. Ele se esforçou e estava quase terminando de aprender a Forma combinada. Hoje, ele veio à aula e finalmente percebeu que não tinha a mínima idéia de como se movimentar de maneira adequada ao estilo Chen. Mas estava disposto a voltar ao princípio, a ouvir o que eu tenho a dizer e a fazer nova tentativa. Se ele se lembrar que não tem a mínima idéia, vai melhorar; se ele se esquecer, vai voltar a fazer as mesmas coisas que estava fazendo antes. O reconhecimento dele deu origem a uma avaliação diferente, isto é, a um novo sentido. Esse novo sentimento é um dos pontos fundamentais.

É muito difícil conhecer o valor de um novo sentimento sem a ajuda de um professor. Isso faz parte da alquimia do estudo. Muitas pessoas sentiram a sensação de tranqüilidade que vem do Tai Chi Chuan; e sentiram também o desaparecimento dessa sensação.

Portanto, as Formas não só podem produzir uma mudança de sentimento como também podem cumprir o papel de um manual de instruções. Se fôssemos homens e mulheres do Tao, seríamos capazes de executar as Formas; talvez nem precisássemos delas. Mas, como não somos, as Formas – que se aplicam exteriormente como pomadas ou remédios – podem produzir mudanças. A disposição de aprender, dentro de nós, e as Formas, fora de nós, agem juntas. Lentamente, a Forma que se aprende quando principiante, a Forma número 1, produz outra Forma, a Forma número 2, que se aprende quando se é um principiante mais experiente. Se a Forma número 2 não for esquecida, poderá levar à Forma número 3, e daí em diante. Elas são todas a "mesma" Forma, mas o praticante muda – o que significa que a Forma muda. Cada "nova" Forma, como a nova pele da serpente, não é só um conjunto de movimentos físicos: depende de novos pensamentos e novos sentimentos, bem como da ação dos nervos, músculos e articulações. Portanto, as Formas podem funcionar como catalisadores, coisas que não mudam em sua existência ideal, mas ajudam a produzir a mudança. Num sentido amplo, tudo isso faz parte da meditação no movimento dos taoístas. A perseverança nesse caminho há de resultar inevitavelmente em vislumbres da verdade e do sentido de algumas coisas que se afirmam na literatura taoísta. Você compreenderá o sentido dessas coisas porque tê-las-á apreendido por experiência direta.

Um exemplo simples, tirado do processo de aprendizado, pode ajudar a tornar este ponto mais claro. Se você começa a aprender a primeira Mudança da Palma, quer de um livro, quer de um professor, a primeira coisa que tem a fazer é se lembrar. Trata-se geralmente de um processo mental, lento. Se você for capaz de observar e imitar rapidamente um movimento, o processo mental inicial poderá ser deixado de lado. Mas, tanto num caso como no outro, haverá certos pontos do movimento que você vai esquecer; ou, no caso de um bom imitador, pontos em que você não vai reparar. De qualquer modo, você terá de voltar várias vezes ao exemplo que lhe foi apresentado; terá até que pedir que ele lhe seja explicado e que o corrijam. Então, mesmo depois de tudo isso, você cometerá erros. Mas o ponto que agora está em pauta é a natureza desses erros. O que acontece é que os erros se tornam menores, menos numerosos e menos significativos. À medida que o tempo for passando e o treinamento se acumulando, você terá de pensar e observar cada vez menos. Seu desempenho passará a ser mais automático. A isso se pode chamar de Forma 1. Para um novato completo, você se parecerá com alguém que "conhece" a primeira Mudança da Palma – embora para si mesmo você admita que a conhece num certo nível, mas não a conhece num nível mais profundo. Você olha para os alunos mais avançados, para o professor, e as coisas que você vê confirmam sua opinião.

Nesse estágio, você percebe que estão faltando o que o mestre Un Ho Bun chamou de "pequenos pontos". (O mestre Un é instrutor de Kung Fu que conversou comigo, ensinou-me e aconselhou-me durante os anos 70; escreveu livros sobre os estilos Louva-a-Deus e Pak Mei.) Sua Forma está tecnicamente correta, mas insossa. Pode ser, por exemplo, que ela não tenha os pequenos movimentos ascendentes e espiralantes que devem ocorrer ao fim de cada movimento de giro ou rotação das

Mudanças da Palma. Se você continuar treinando e estudando, incorporando à sua Forma os pequenos pontos, o resultado de tudo isso poderá ser chamado de Forma 2.

O que acontece entre a Forma 1 e a Forma 2 é que muda o foco da sua atenção. A preocupação principal já não são os pontos grandes; são os pequenos pontos. Então você pode começar a avaliar a quantidade de energia que dispende ao executar a Forma. Com a máxima probabilidade, você vai perceber que está usando energia demais. Isso levanta a questão da sua atitude. O estudo se torna mais psicológico. Você tem de falar com os alunos mais antigos e, é claro, com o professor, para obter os conselhos deles. Precisa perguntar a si mesmo por que está executando a Forma; qual é o seu objetivo. Se você conseguir responder a essa pergunta e reduzir o dispêndio de energia, o resultado poderá ser chamado de Forma 3.

É impossível determinar quantas Formas novas serão necessárias. Meu primeiro professor de Tai Chi me contou de um monge de Taiwan que só executava dois movimentos. Afirmava que, desses dois movimentos, tirava tanto conhecimento quanto alguém que ensinasse toda a Forma Longa do estilo Yang. Esse estado de coisas decorre da capacidade de olhar para dentro, de ter consciência e de descobrir o que realmente está acontecendo nos campos da energia, das impressões e da atenção. Trata-se de algo tão interior, tão recôndito, que provavelmente não será exagero dizer que a maioria dos estudantes só pode encontrá-lo com a ajuda de um mestre.

CAPÍTULO 12

ALÉM DA TEORIA

Uma Compreensão Superior

Para estudar o movimento do *chi* do baixo *tantien* ao médio *tantien* e de volta ao primeiro, num ciclo contínuo, o melhor é também aprender com um professor. Trata-se da chamada Circulação Menor ou Microcósmica. O professor é essencial por causa da sutileza da ação e dos perigos inerentes à liberação de energias completamente desconhecidas pelo aluno. Nenhum exercício, nenhuma atividade dessa natureza existe no vazio, e o estudante pode concentrar-se inadvertidamente na situação do aprendiz de feiticeiro que desencadeou um processo mágico e depois não foi capaz de detê-lo. Vários escritores tratam do Chi Kung, e diversos conhecidos meus, relataram-me certas experiências desagradáveis que aconteceram com estudantes que quiseram dominar o Chi Kung sozinhos.

A Circulação Menor ocupa lugar de destaque nas artes marciais e na doutrina taoísta, mas de maneira alguma é algo exclusivo da China. No livro *The Persian Sufis*, de Cyprian Rice (George Allen & Unwin, Londres, 1965), o autor cita um texto sufi clássico do século XIII, *Najmeddin Daya*:

> Pousando as mãos sobre as coxas, deve ele despertar o coração para a vigília, montando guarda sobre os olhos. Então, com profunda reverência, deve dizer em voz alta: "*La Ilaha Illa'llah.*" O *La Ilaha* deve sair do umbigo e o *Illa'llah* deve ser atraído para o coração, de modo que os poderosos do *Zikr [dhikr]* possam sentir em todos os membros e órgãos.

A "raiz do umbigo" e o "coração" de que aqui se fala são próximos o suficiente do baixo e do médio *tantiens* para poderem ser considerados a mesma coisa. O texto fala, em seguida, dos sentimentos do sufi ao fazer seu *Zikr*. Aconselha-o a desapegar-se de tudo e a concentrar-se no amor de Deus. Introduz-se aí um elemento que não consta dos textos taoístas de meditação que eu conheço: o sentimento, segundo o ponto de vista sob o qual é considerado nos textos cristãos e islâmicos. Isso não significa que essas idéias não existam. Pode ser que elas sejam consideradas como uma coisa natural, ou talvez se espere que, antes de passar para a Circulação Menor, o discípulo passe por um período de preparação.

Na tradição mística cristã, o livro *Writings from the Philokalia on the Prayer of the Heart* ["Textos da Filocalia sobre a Oração do Coração"], traduzindo para o inglês por E. Kadloubovsky e G. E. H. Palmer (Faber & Faber, Londres, 1951), cita:

> Recolhe a mente, leva-a pela via da respiração, pela qual entra o ar, força-a a penetrar no coração junto com o ar inalado e conserva-a lá dentro. Conserva-a lá dentro, mas não as deixes silente e ociosa; ao contrário, dá-lhe a seguinte oração: "Senhor Jesus Cristo, Filho de Deus, tem piedade de mim."

Evidentemente, não é o "ar" que é conduzido para o "coração", mas o que os chineses chamariam de "*chi* do ar", a energia vital que acompanha o ar inalado. Do mesmo modo, essa energia não é conduzida para o coração corpóreo, mas para uma região semelhante ao *tantien* dos chineses. Em segundo lugar, o místico cristão, como o sufi, recebe uma prece, algo em que concentrar seus sentimentos.

Vale a pena, para traçar uma relação com o Ba-guá e o Taoísmo, mencionar outro aspecto dos métodos sufis: os "giros" ou "volteios" dos Mevlevis e outras ordens de dervixes. Os Mevlevis foram fundados por Jellaleddin Rumi no século XIII. O dervixe dessa ordem toma parte num rito que consiste em girar em torno do eixo vertical do corpo com a palma da mão direita voltada para o céu e a palma da mão esquerda voltada para a terra.

> A mão direita do dervixe tem a palma voltada para o céu e recebe a bênção divina, que passa então pelo coração e é transmitida ao mundo por meio da mão esquerda voltada para baixo. Os dervixes olham fixamente para o polegar da mão voltada para baixo; para eles, ele constitui um ponto fixo vital que mantém a cabeça limpa e os sentidos despertos.
>
> (*The Whirling Dervishes – A Commemoration*, International Rumi Committee, 1974; ensaio de Jeffrey Somers)

A cerimônia é acompanhada por uma música inspiradora e supervisionada pelo Sheikh ou líder espiritual. Quando os dervixes giram em torno do próprio eixo, cada um deles faz parte de um círculo maior que vai girando aos poucos, de modo que vão descrevendo círculos menores dentro do grande círculo. Diz-se que existe uma relação entre os giros deles e os movimentos dos corpos celestes.

Laleh Bakhtiar, no livro *Sufi* (Thames & Hudson, Londres, 1976), descreve:

> A geometria estática é a geometria das linhas, ao passo que as formas dinâmicas são expressões do ponto. Cada descida da Essência Divina é uma união nupcial, uma conjunção de dois opostos, ativo e passivo, em vista da produção de uma terceira coisa... A polarização, que se expressa na geometria pelas formas estáticas e dinâmicas, corresponde exatamente aos pares inseparáveis de estações espirituais complementares entre as quais o Viajante continuamente se movimenta.

O autor apresenta então uma lista dos nomes dessas "estações", que compreendem, entre outras:

contração – expansão (*qabd – bast*)
reunião – separação (*jam – tafriqah*)

Isso não é muito diferente da expressão chinesa à qual me referi no Capítulo 7:

expansão – reunião (*k'ai – ho*)

Segundo relata P. D. Ouspensky no livro *Fragmentos de um Ensinamento Desconhecido**, Gurdjieff falou dos "dois opostos" e da "terceira coisa" mencionados no texto de Bakhtiar. Disse ele:

> Segundo o conhecimento real e exato, uma força ou duas forças não podem jamais produzir um fenômeno. A presença de uma terceira força é necessária, pois é só com a ajuda de uma terceira força que as duas primeiras podem produzir o que se chama de fenômeno, em qualquer esfera que seja. A doutrina das três forças está na base de todos os sistemas antigos.

Bakhtiar apresenta ao leitor diagramas da arte e da arquitetura muçulmanas junto com explicações do seu sentido interior. Não podemos deixar de compará-los com os diagramas taoístas que mostram os movimentos dos praticantes durante a meditação.

Acredita-se que o fundador do Ba-guá foi influenciado por essas atividades. O professor K'ang Ko-Wu descobriu que o próprio Tung Hai

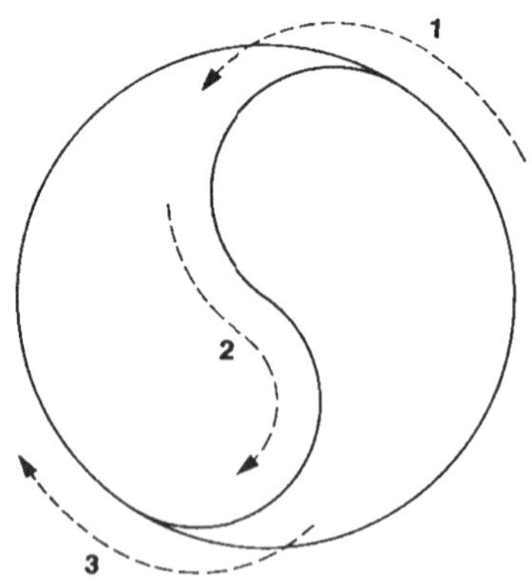

Figura 104: Sentido no qual o taoísta percorria o diagrama Yin-Yang

* Publicado pela Editora Pensamento, São Paulo, 1982.

Ch'uan tornou-se membro da ordem taoísta Chuan Chen. Um dos ritos de meditação dessa ordem consistia não só em andar em círculos como também em descrever, ao caminhar, a forma do diagrama do Yin-Yang, representado na Figura 104. Essa prática chamava-se Chuan Tien Tsun, que significa Rodar para Adorar o Céu – expressão que imediatamente nos lembra da prática dos dervixes Mevlevis. Enquanto andavam, esses taoístas recitavam fórmulas sagradas que faziam-nos lembrar do Céu e do Grande Vazio. Diz-se que a repetição de palavras era usada para ajudá-los a concentrar-se num único pensamento e assim escapar da "miríade de pensamentos". O caminhar no símbolo do Yin-Yang começava com uma tripla circum-ambulação do perímetro no sentido anti-horário, começando-se do lado direito e voltado para o norte. O praticante então percorria a linha divisória curva do norte para o sul e virava para o oeste para percorrer o círculo três vezes no sentido horário, antes de cruzá-lo de novo pela linha divisória.

Apesar da crença comum de que Tung usou a técnica taoísta de andar em figuras geométricas como base para o Ba-guá, essa idéia continua sendo o que poderíamos chamar de uma simples conclusão racional e não convence os críticos mais severos nem os partidários de outras teorias. "Vocês não têm provas!", gritam eles. Porém, se partirmos do princípio de que as conclusões de K'ang estão corretas, porque será que Tung usou uma prática religiosa, ou uma prática de uma Via espiritual, para uma finalidade marcial? Parece, de certa forma, um emprego errôneo no método. Mas talvez isso seja devido apenas à limitada visão ocidental que nós temos do assunto. Seria tão justo dizer que o Ba-guá de Tung melhorava a inteligência e o caráter dos alunos quanto que promovia a capacidade marcial.

Nunca encontrei nada escrito acerca da postura adotada pelos taoístas de Chuan Chen, se é que eles adotavam alguma. Quaisquer que fossem essas posturas, parece provável que, por dentro, e acompanhando a repetição das palavras, eles procurassem conduzir o *chi* pelos *chinglo*, de acordo com os exercícios taoísas que já existiam há muitos séculos. Tung Hai Ch'uan também pode ter incorporado essas coisas. Sun Lu Tang certamente se ocupava delas.

A Energia e a Mente

Uma das questões que sempre me intrigaram desde que eu comecei a ter contato com as artes marciais internas foi a de saber se as Formas causam – ou devem causar – uma modificação regular do fluxo de energia. Quero dizer o seguinte: será que uma Forma do Ba-guá ou do Tai Chi faz, por exemplo, com que o fluxo de sangue para esta ou aquela parte do corpo aumente ou diminua? Ou, poderíamos perguntar se ela faz o mesmo com o *chi*. No caso do Ba-guá, será que o andar em círculos corresponde a uma circulação real da energia, do *chi* ou do sangue, ou apenas a uma circulação teórica, baseada tão-somente no pensamento tradicional e não confirmada por nenhuma prova experimental? E será que as diversas Mudanças da Palma levam a energia a diversas partes do corpo de forma cíclica, regular? Intelectualmente, seria muito "elegante" se uma tal coisa acontecesse. Mas, deixando de lado o senso de elegância, será que existe algum motivo que nos autorize a pensar que as coisas acontecem assim?

No Ocidente, a atitude popular em relação ao treinamento físico entendido em seu sentido mais amplo mudou no decorrer das últimas três décadas. Expressões como "preparar-se psicologicamente" ou psicologia do esporte" são referências sumárias aos aspectos mentais da questão, que têm merecido uma consideração atenta. Os atletas têm relatado experiências incomuns que ocorrem quando se esforçam para dar o máximo de si ou ir além da sua capacidade normal. Com relação a essas experiências, o consenso é o de que a "mente" pode fazer com que o "corpo" ultrapasse aquelas que parecem ser as suas possibilidades. Antes de reconhecer esse fato, os ocidentais em geral escoravam-se no que se chamava de "raça", determinação, força de vontade e outras expressões semelhantes, que designam um esforço mental. Em outras palavras, tinha-se como certo que cada qual poderia sempre fazer mais, fazer melhor, ir mais longe. Mas a questão de como isso poderia acontecer não era investigada. Quando menino, na escola, lembro-me de conseguir pular mais alto do que me parecia possível simplesmente por murmurar comigo mesmo, ao começar a corrida, uma palavra de encorajamento. Eu não compreendia como a coisa acontecia – ela simplesmente acontecia.

Além disso, a ampliação dos conhecimentos acerca de como o corpo funciona quando em atividade vigorosa ajudou os treinadores esportivos. Quase todos já ouviram falar do treinamento em circuito, no qual se fazem esforços diferentes em seqüência e depois repete-se o ciclo: por exemplo, correr, escalar, pular, saltar em altura, rolar, descansar e depois começar de novo. Neste exemplo, o esforço concentra-se respectivamente nas pernas, nos braços, nas pernas e no abdômen, no corpo inteiro e em flexionar o corpo; depois toma-se um minuto para a recuperação. As variações são muitas, mas todas elas têm por base a transferência do esforço muscular de um grupo de músculos para outro. Quando se faz isso, os diversos grupos têm um período de descanso antes de serem usados de novo. O coração, os pulmões e a circulação são exigidos o tempo inteiro, e depois têm um período para se recuperar. Trata-se de uma Forma de treinamento que obedece grosseiramente à noção de fazer a energia circular de acordo com um determinado padrão ou ciclo. Mas o objetivo não é específico. É o de promover a "boa forma" atlética, sendo a "boa forma" definida como a rapidez com que o coração e o pulmão voltam ao ritmo normal de funcionamento depois do esforço.

Para ser incorporado ao treinamento das artes marciais chinesas, o treinamento em circuito teria de justificar-se com base na teoria e na filosofia do Chi Kung (Qigong). Se uma seqüência de movimentos não corresponde a essas teorias, ela é considerada inaceitável. Pode ser que essa regra tenha as suas exceções, mas, como existem centenas (senão milhares) de Formas e sistemas na China, não posso afirmá-lo com certeza.

Um dos princípios básicos é o de estimular a energia Yang a descer para o abdômen e as pernas, e a energia Yin, a subir para a parte superior do corpo. Isso se expressa no hexagrama do *I Ching* chamado de Diagrama Tai: veja a Figura 105. O Fogo está embaixo e a Água, em cima. O hexagrama oposto, o Diagrama Pi representado na Figura 106, tem o Fogo, Yang, em cima, e a Água, Yin, embaixo.

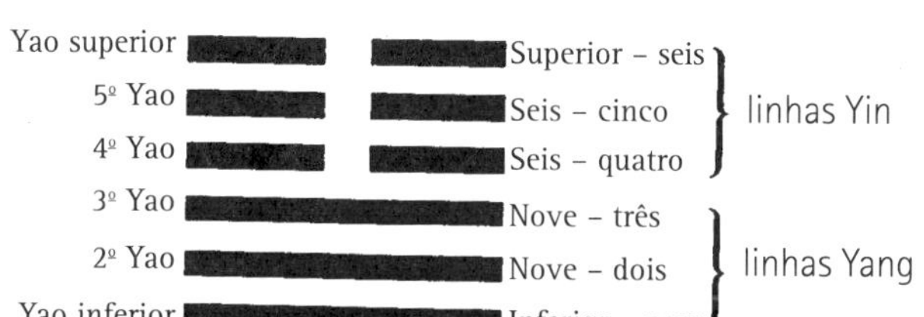

Figura 105: Diagrama Tai

Figura 106: Diagrama Pi

Figura 107: Postura do Cavalo

Há três modos pelos quais esse tipo de "circulação" pode ser conseguido nas Formas. O primeiro consiste em adotar-se uma postura compatível com ele. A postura adequada é, por excelência, a do cavalo: veja a Figura 107. As pernas afastadas e solidamente plantadas no chão e o corpo ereto indicam que a parte de baixo está forte e a de cima, leve. O simples ato de ficar de pé nessa postura, sem nenhuma ajuda adicional da mente, promove a descida do Yang e a subida do Yin. Às vezes, esse tipo de treinamento da postura do cavalo era praticado por longos períodos ininterruptos, de modo que o corpo era "domado" e levado à submissão pelo treinamento.

O segundo modo consiste em entrar na mesma postura, ou numa postura semelhante e, ao mesmo tempo, enviar mentalmente a energia para o abdômen e as pernas e depois para o tronco.

Por fim, o terceiro consiste em enviar mentalmente a energia para baixo e para cima em intervalos regulares da execução de uma Forma, dependendo do movimento que se está realizando.

Segundo um ditado clássico, "o *i* (a mente) dirige o *chi* (a energia vital), que dirige o corpo". Isso mostra claramente que, embora possa haver um movimento que provoque uma mudança na direção do *chi*, nas artes marciais internas o papel da mente (atenção, imaginação, visualização, etc.) é importante e provavelmente indispensável. A teoria tradicional assevera que a execução provoca a revivificação das influências Pré-Natais, que beneficiam o aluno, pois corrigem as influências Pós-Natais. Teoria semelhante se aplica à meditação na posição sentada (meditação estática).

Apresentamos abaixo dois exemplos de padrões de distribuição energética do *chi*, tirados do Tai Chi Chuan. Depois de examiná-los e deduzir deles alguns princípios, poderemos tomar alguns movimentos do Ba-guá e considerá-los sob o mesmo ponto de vista.

Exemplo 1

Início	O *chi* sobe do *tantien* (abaixo do abdômen)
Aparar à Esquerda	O *chi* desce para o *tantien*
Aparar à Direita	O *chi* sobe do *tantien*
Rolar para Trás	O *chi* desce para o *tantien*
Pressionar	O *chi* sobe do *tantien*
Retirada	O *chi* desce para o *tantien*
Empurrão	O *chi* sobe do *tantien*
Chicote Simples	O *chi* desce para o *tantien* e o corpo vira para começar a Circulação Celestial Maior

Essa primeira seqüência faz girar o *chi* na Circulação Celestial Menor. A ela segue-se:

Erguer as Mãos	O *chi* espalha-se pelo corpo inteiro quando os braços se abrem e depois se concentra na linha média (*Jen Mo*) na frente do corpo
Golpe dos Ombros	O *chi* cai para o períneo. O *chi* começa a Circulação Celestial Maior
Pelicano Branco	O *chi* sobe pelo *Jen Mo* até a testa
Virada do Pelicano Branco	O *chi* desce pelo *Jen Mo* até o abdômen e, pela região púbica, até a base da coluna
Roçar o Joelho Esquerdo	O *chi* sobe pela coluna (*Tu Mo*) do abdômen até o topo da cabeça
Roçar o Joelho Direito	mesma coisa
Roçar o Joelho Esquerdo	mesma coisa
Repelir o Macaco	A cada movimento completo, o *chi* perfaz toda a Circulação Celestial Maior
Vôo em Diagonal	O *chi* espalha-se por todo o corpo

Tocar Guitarra	O *chi* concentra-se no *Jen Mo*
Golpe de Ombros	O *chi* desce para o períneo

E assim por diante em toda essa Forma de estilo Yang.

Exemplo 2

As informações dadas a seguir vêm de um manuscrito não publicado, de autoria de um famoso mestre chinês de Tai Chi, ainda vivo.

O movimento *chi* é provocado quase que totalmente por "instruções mentais" ou pela visualização: a teoria é a de que o *chi* seguirá o *i* (a mente). As instruções começam com o conselho de "pensar" que cada uma das articulações dos braços (a começar pelas articulações dos dedos) "se dilata" - isto é, que um espaço se abre entre os dois ossos que a compõem. Esse exercício facilita e promove o fluxo de *chi*.

Para cada movimento a ser executado, a ordem de emprego das articulações é descrita nos mínimos detalhes; exige-se que o *i* (a mente) se concentre numa série de pontos (de acupuntura) numa seqüência determinada.

Outro aspecto desse método é a suposição de que o movimento de um membro - de um braço, por exemplo - "atrai" o movimento correspondente e apropriado de outro membro, e, além disso, de que o movimento de um ou dois membros produz automaticamente outros movimentos dos demais membros.

O objetivo global do método é o de distribuir o *chi* para os vários canais (*chinglo*) e os pontos numa certa ordem.

O manuscrito dá a impressão de ter sido escrito por um mestre profundamente inserido na tradição do Tai Chi, cuja sensibilidade aos movimentos do corpo e ao fluxo do *chi* que permite que ele de fato sinta as coisas que está descrevendo. Está além da capacidade de qualquer principiante - aliás, eu diria, da maioria dos praticantes de Tai Chi. Esclarece algo que eu disse em outro ponto do livro (pp. 113-116): que nós não somos "iguais", o que é possível para uma pessoa pode não ser possível, ao mesmo tempo, para outra.

Qual é a luz que esses exemplos lançam sobre a questão original - a de saber se a Forma em si produz um ciclo determinado de fluxo da energia? No primeiro exemplo, a tradição diz que os movimentos específicos da Forma produzem um fluxo, ou melhor, dois. Grosso modo, quando um braço sobe ou os dois braços sobem, o *chi* sobe pelo *Jen Mo* ou pelo *Tu Mo*, os dois *chinglo* que, juntos, circundam todo o tronco e a cabeça no plano sagital (na linha média do corpo, dividindo-o em duas metades laterais). Quando um braço desce, o *chi* desce.

Se acontece de um braço subir e o outro descer quando, por exemplo, *o chi* subiu, será então o braço descendente que ajudará o *i* a fazer o *chi* descer. Ele *tem* de descer; *não pode subir indefinidamente.*

Se o *chi* estiver na frente, um braço indo para trás o levará para as costas, e vice-versa. Parece, portanto, que o praticante tem "no fundo da mente" as duas grandes direções tradicionais de fluxo do *chi*, e a Forma liga-se a elas da maneira mais apropriada possível.

Outro fator importante é a noção de "abrir e fechar". Quando os braços se abrem antes de Erguer as Mãos ou Tocar Guitarra, o *chi* se espalha por todo o corpo. Quando os braços se fecham na postura propriamente dita, o *chi* concentra-se na região fechada – isto é, na frente do corpo, onde fica o *Jen Mo chinglo.*

Há também a respiração. A respiração é usada para reforçar o movimento do *chi* e o melhor é deixá-la "natural". É evidente que, quando o corpo se abre, a respiração – o ar – entra, e quando o corpo se fecha a respiração movimenta-se com o *chi*, auxilia o *chi*. Dentro de uma Forma, os movimentos que abrem e levantam o peito, que expandem a parte superior das costas, propiciarão a inalação se a Forma for executada num estado de relaxamento.

No segundo exemplo, necessariamente sumário, a atitude é bem mais detalhada. Em vez de estabelecer-se um fluxo geral de *chi*, a Forma é encarada como um complexo tratamento de acupuntura, shiatsu ou moxibustão. É difícil definir o grau de subjetividade desse método. Acima de tudo, ele nos dá uma amostra das possibilidades de desenvolvimento da sensibilidade ao movimento e à energia interna.

O Ba-guá

Se você já viu alguém sentado em meditação com os olhos abertos, ou viu uma estátua do Buda com os olhos quase fechados, já terá uma idéia de que é estar com os olhos voltados para uma coisa e a atenção voltada para outra. Do mesmo modo, no Ba-guá, os olhos se fixam no dedo indicador, mas boa parte da atenção está voltada para outras coisas. Caso se faça da condução do *chi* um elemento tão importante do treinamento do Ba-guá quanto é no Tai Chi, a questão principal será a da velocidade. É muito mais fácil imaginar a condução do fluxo de *chi* quando a velocidade do movimento é bem baixa do que imaginá-la quando a velocidade é alta.

No Tai Chi, o movimento é contínuo e não tem descargas explosivas e concentradas de energia, chamadas *ching*, exceto no treinamento de *tue shou*. Quando o *ching* acontece no *tue shou* (treinamento de luta feito por duas pessoas), a teoria das artes marciais reza que a energia acumulada no *tantien* sai pela palma da mão para o corpo do parceiro. Isso, porém, não faz parte dos temas deste livro, que dá ênfase aos aspectos meditativos.

Podemos, portanto, conceber o fluxo de *chi* de maneira semelhante à do Tai Chi – com uma importante ressalva. Esta diz respeito à expressão "energia espiralante". A energia espiralante apresenta-se com mais evidência no estilo do Chen do Tai Chi do que nos outros estilos, embora trate-se principalmente de uma questão de ênfase, e não da presença ou ausência dessa energia. No Ba-guá, a energia espiralante desempenha papel importante. Ela está implícita nos movimentos sinuosos do corpo, semelhantes aos do dragão, e pode-se de fato senti-la. Que eu saiba, não existem canais ou *chinglo* espiralados nos mapas e modelos tradicionais da medicina chinesa. A energia espiralante que aparece representada na Figura 108 está mais próxima do *ching* do que no

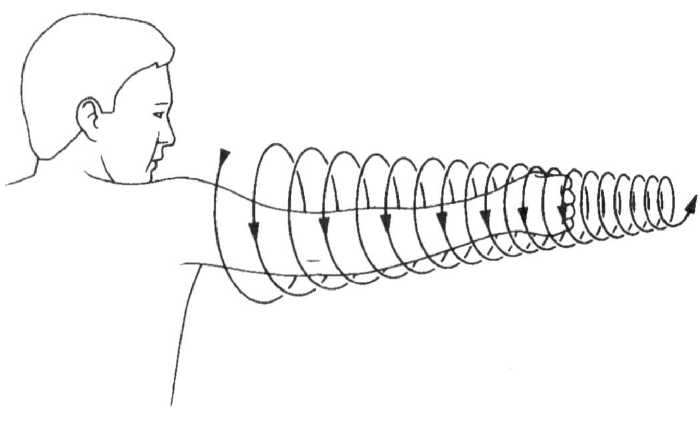

Figura 108: Diagrama da energia espiralante

Figura 109: Exercício de espiral

chi. Temos aí, portanto, uma distinção digna de nota. O estímulo ou contenção do fluxo de *chi* pelos canais naturais é uma coisa; a conversão e utilização da energia, *ching*, é outra muito diferente. Uma analogia limitada, porém útil: a presença de substâncias bioquímicas e de oxigênio no corpo seria comparável ao *chi*, e a conversão e o uso desses elementos numa ação ou trabalho de natureza não especificada seria comparável ao *ching*. Tanto no caso do *chi* como no caso dos elementos básicos, existem localizações, canais e processos reconhecidos e ilustrados nos livros de fisiologia e acupuntura; mas no caso do *ching* e dos usos da energia, as variações são inúmeras.

A energia espiralante das diversas artes marciais que dão ênfase a esse aspecto não é tão bem mapeada quanto o fluxo de *chi*. Também a sensação provocada pela energia espiralante é altamente subjetiva; varia muito de praticante para praticante. Se você praticar as formas e os movimentos básicos de volteio em espiral, giro e rotação prescritos pela arte, começará a ter uma idéia do que se trata.

Para deixar isso ainda mais claro, dê uma olhada na Figura 109. Nesse exercício, que damos somente a título de exemplo, o praticante começa com os joelhos flexionados e o corpo, a partir da cintura, virado para a esquerda ou para a direita. Quando o praticante sobe, vira o corpo para o outro lado; as mãos e os braços giram como no movimento Dragão Vira a Cabeça, primeiro numa direção e depois na outra. Pode-se sentir diretamente a energia em espiral. Inverta então o exercício, descendo de volta à postura original. As formas de Chi Kung baseiam-se nesse tipo de movimento.

Embora o corpo, evidentemente, esteja funcionando com as articulações normais, como os cotovelos e os joelhos, que são articulações que só têm movimento numa dimensão, e embora o *chi* esteja fluindo como sempre pelos *chinglo* reconhecidos, o resultado final é diferente da soma de suas partes. Assemelha-se mais ao movimento de uma serpente ou um dragão – um animal cuja estrutura de articulações é diferente.

Voltando à questão da meditação do movimento – ou, antes, da atenção no movimento –, sugiro que, ao praticar as Formas do Ba-guá, você se movimente devagar, conscientemente, com o corpo relaxado, e procure tomar consciência dessa atividade espiralante. Na minha opinião, um conhecimento básico de Tai Chi ajuda nesse treinamento. Digo isso porque é difícil ter consciência do próprio corpo durante o movimento, e o Tai Chi pode contribuir para o desenvolvimento dessa consciência. Esse desenvolvimento consiste, em grande medida, no cultivo do relaxamento. A tensão é um obstáculo à atenção do mesmo modo que a pressão numa veia é um obstáculo ao fluxo de sangue. Os movimentos do Ba-guá tendem muito mais a produzir tensão do que os movimentos do Tai Chi de estilo Yang, por exemplo; por isso, as dificuldades são maiores. Se você não estiver disposto a ter um treinamento básico de Tai Chi, compense essa deficiência praticando com bastante lentidão o seu Ba-guá.

CAPÍTULO 13

Os caminhos do dragão: aplicações do Ba-guá

O Ba-guá com seus movimentos circulares, giratórios, ascendentes e descendentes, é muitas vezes associado aos movimentos, ao poder e às qualidades mutáveis do dragão. A Forma apresentada neste livro tem movimentos do dragão no princípio e no fim de cada Mudança da Palma. Esse animal mítico desempenhava papel de destaque nas muitas cerimônias executadas pelo Imperador, pelos sacerdotes e pelos funcionários oficiais da corte chinesa. É ele um símbolo da mudança, da transformação e da suma flexibilidade. Se quisermos penetrar no espírito do dragão, ser-nos-á útil conhecer algumas crenças a ele associadas.

Os chineses viam o mundo como um conjunto de reinos cuja influência e cujo poder eram determinados por dragões. O ano dividia-se em doze luas. Na quinta lua, quando o solo estava árido e ressecado, realizavam-se danças do dragão, nas quais até doze homens carregavam um enorme boneco do animal, dançando sob ele. Espargia-se água sobre a criatura, convidando-a a trazer a chuva. Soltavam-se fogos de artifício, batiam-se gongos e produziam-se barulhos de toda espécie a fim de atrair os aguaceiros vivificantes. Era na sexta lua que o rei dos dragões,

Lung Wang, reunia os seus exércitos e mandava que eles trouxessem chuva à terra ressequida. Numa sociedade predominantemente agrícola, a criatura que trouxesse a chuva à terra era venerada e lembrada. Relata-se que o primeiro "dragão verdadeiro" apareceu durante o reinado de Huang Ti, por volta de 2500 a.C. Ele tinha chifres de veado, cabeça de camelo, orelhas de vaca, pescoço de serpente, escamas de peixe, garras de águia e patas de tigre.

À medida que o tempo foi passando, um número cada vez maior de dragões foi surgindo nas histórias e lendas. Uma das características do dragão era a sua poderosíssima visão. Era ele capaz de ver uma única folha de erva a uma enorme distância. A propósito, é interessante que a palavra *dragão* está etimologicamente ligada ao verbo grego *drakein*, que significa "olhar" ou "ver". O rei dos dragões, Lung Wang, encarnava o princípio masculino ou Yang. O próprio Imperador era chamado de Dragão Verdadeiro, alçando-se acima dos mortais comuns. Seu trono era o Assento do Dragão; sua pena, o Pincel do Dragão. Na dinastia Ming, seu estandarte tinha um dragão vermelho; sob a Manchu, um dragão dourado.

O dragão às vezes se esconde nas cavernas mais profundas ou nas montanhas mais remotas, ou enrodilha-se nas profundezas do mar. Na hora certa, ele acorda, consciente do seu poder. Sai nadando das profundezas, dividindo as águas, elevando-se em meio à espuma, e ascende, voando, para as nuvens tempestuosas. Suas garras lançam raios; suas escamas giram nos remoinhos e brilham como a casca dos pinheiros pela chuva. Quando ele fala, sua voz são os tufões do fim do inferno, que anunciam a primavera. Seu corpo é o vapor, a água e o fogo. Sua natureza se modifica: é o dragão espiritual do vento e depois é o dragão dos tesouros ocultos que os mortais não podem ver. Sob a forma do Dragão Amarelo, ele ensinou a humanidade a escrever.

Um "dragão oculto" é um grande homem que o mundo ainda não reconheceu. É um homem que espera a chegada do seu dia. Quando esse dia chega, ele começa a se destacar, e os outros sentem-lhe a presença. Aos poucos, as pessoas começam a procurá-lo para pedir-lhe orientação. Ele é cuidadoso, como quem cruza um rio em enchente. Por fim divisa claramente o seu caminho, como um dragão subindo aos céus. Mesmo então é cauteloso, pois o orgulho e a arrogância podem acarretar a queda. Recorda-se do lado Yin da sua natureza e cede à sabedoria desse lado. Embora esteja no céu do seu destino, lembra-se do ventre da sua criação. Sente o céu e vê a terra: a liberdade do primeiro e as limitações da segunda. Conhece o seu objetivo e a sua natureza – mudar e ser mudado – e assim, seguindo sua natureza e compreendendo-a, permanece. Nada pode vencê-lo, pois ele não é uma coisa específica.

Muitos anos atrás, quando eu tinha interesse pelo Judô, comprei um livro sobre uma coisa chamada Judo-dô, uma invenção européia que apresentava-se como melhor do que o próprio Judô. Algumas das ilustrações das técnicas de derrubada eram muito curiosas. Parecia que o oponente tinha de ficar imóvel enquanto a pessoa que ia dar o golpe saía para uma longa volta e chegava por fim atrás dele para finalmente derrubá-lo. Fiquei muito satisfeito mais tarde quando li numa revista de Judô que o Budokwai Judo Club (a Associação Inglesa de Judô) havia enviado uma equipe para o outro lado do Canal da Mancha e dado uma boa lição nos aficcionados do Judo-dô. Nessa mesma época, havia vários outros livros que propunham-se a definir esta ou aquela "arte marcial", mas cujas noções grosseiríssimas de violência e retaliação pressupunham ou uma força sobre-humana por parte do vencedor ou uma inércia bestificada por parte do derrotado. Sem dúvida, algumas das aplicações que os livros e revistas modernos ensinam e ilustram são perfeitamente impraticáveis em virtude da complexidade dos movimentos que envolvem. Exigem uma espécie de debilidade por parte do adversário que nada têm a ver com a realidade. O melhor seria deixar essas e outras aplicações nos manuais de instruções do Serviço Secreto ou dos Boinas Verdes. O que eu quero mostrar neste livro são certos usos básicos, e até certo ponto óbvios, do Ba-guá, que originam-se simplesmente de suas formas giratórias e sinuosas. Eles não têm como pré-requisito um adversário passivo nem são, em si mesmos, manifestamente letais. A técnica das artes marciais depende da seletividade do usuário, não do movimento em si.

A esta altura, se você tiver seguido as instruções, terá uma idéia mais ou menos clara dos movimentos fundamentais do Ba-guá. Pensando no combate, você pode perceber que não é tão fácil segurar, atingir, desviar ou parar um objeto – no caso, uma pessoa – que se move em rotação quanto é fazê-lo com um que se move em linha reta. Além disso, o Baguá dá ênfase à mudança e ao movimento, ou seja, a uma grande atividade dos pés. Quer dizer que, se você estiver movimentando rapidamen-

Figura 110: Um soco no rosto

Figura 111: Esquiva derivada do andar no círculo

te o corpo e os pés, encontrará mais aberturas do que o lutador que confronta o adversário cara a cara, como os boxeadores da antiga. Os anais do Ba-guá de combate contam com relativa freqüência que, ao deparar com um praticante do Ba-guá, os adversários não conseguiam "pôr as mãos nele", como diz o ditado. Quando o adepto soltava o ataque, fazia-o totalmente de imprevisto. Portanto, a esquiva e o ataque repentino são para nós as duas palavras-chave. São características do dragão.

Vamos examinar esses princípios dentro de alguns exemplos simples. Na Figura 110, um homem dá um soco no rosto de outro: o homem da esquerda (E) golpeia o da direita (D). D dá um passo para a direita como se fosse começar a andar no círculo e, para garantir, levanta os braços na postura do dragão: Figura 111. Seu braço levantado pode aparar o soco se estiver dentro do raio dele, mas é possível que só a movimentação dos pés já baste para tirá-lo do raio de ataque do adversário.

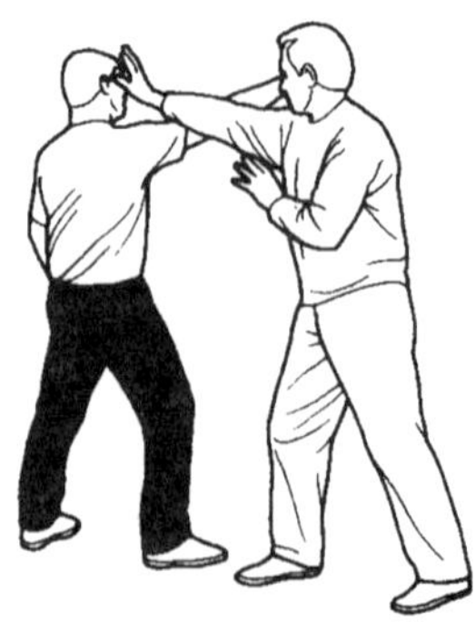

Figura 112: Postura do Dragão usada para golpear

Dando continuidade à mesma seqüência: suponha que D, que foi atacado, queira contra-atacar. Ele não tem de levar para trás o braço direito para depois golpear o adversário com ele. Seus treinos de Ba-guá ter-lhe-ão ensinado a transformar o movimento de esquiva num movimento de ataque sem solução de continuidade – atingindo, por exemplo, a mandíbula ou o lado do rosto do adversário, como na Figura 112.

Dando continuidade à mesma seqüência: se E, o primeiro atacante, vira-se para ficar frente a frente com D, este continua a caminhar num segmento de círculo, como se quisesse ficar atrás de E. Ele não atinge esse objetivo porque E está virando, mas sua caminhada leva-o pelo menos um pouco para trás de E e D pode golpeá-lo na parte posterior da cabeça, como na Figura 113. Lembre-se que D treinou para lançar golpes em movimento, ao contrário do que acontece em certas artes marciais, que ensinam os alunos a tomar postura antes de atacar. Depois de um primeiro golpe, D *continua a movimentar-se*. Este é um traço importante e um ponto forte do Ba-guá.

Outro exemplo: suponha que E agora agarre D. O ângulo de ataque de E é diretamente frontal. D usa o antebraço para aparar ou lançar para o lado os braços de E; dá um passo com o pé esquerdo à esquerda e lança o braço direito para o lado, usando a palma para atingir E na cabeça: veja a Figura 114.

Talvez você se lembre de que esse é o movimento de abertura da terceira Mudança da Palma; é a primeira vez em que se dá um passo para longe do centro num movimento inicial. Se você concebesse a Mudança da Palma como uma técnica completa de ataque e defesa, teria de agachar-se um pouco, girando rapidamente para a esquerda e atingindo o adversário na região do baixo-abdômen, como na Figura 115. Ao fazer isso, você teria de dar as costas ao adversário. Trata-se de uma manobra controversa nas artes marciais. Argumenta-se, por um lado, que você não deve jamais virar as costas, pois então não pode ver o adversário. Por outro lado, seu movimento é muito rápido e completamente inesperado, e além disso seu adversário já foi atingido uma vez e está desequilibrado ou machucado.

Com a experiência, você começará a encontrar aplicações inegavelmente marciais para os movimentos das Mudanças da Palma.

O movimento descrito abaixo, por exemplo, é da quinta Mudança da Palma. Aplica-se, por exemplo, quando o adversário o ataca com um

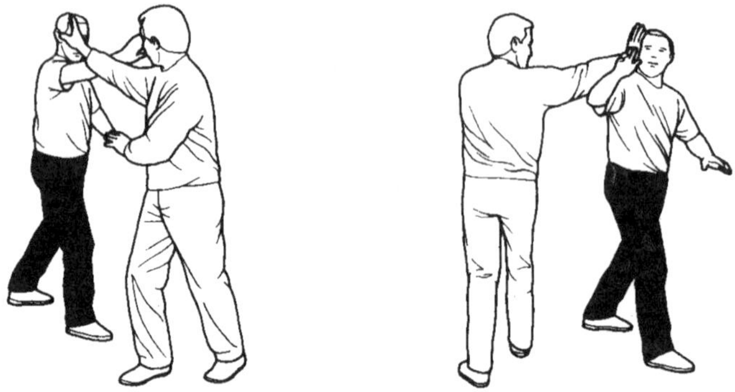

Figura 113: Andando no círculo para ficar atrás do adversário (dois aspectos)

Figura 114 e 115: Contra-ataque com a Terceira Mudança da Palma

Figura 116: Contra-ataque com a Quinta Mudança da Palma

Figura 117: A Mudança da Palma utilizada

chute. Você dá um passo para trás com o pé direito, aparando o chute com a mão direita e golpeando o adversário no rosto com a mão esquerda, como nas Figuras 116 e 117. Outra técnica, mais espetacular, é derivada da sexta Mudança da Palma, a do Leão Segurando a Bola: Figura 118. Trata-se de um movimento encontrado nos estilos de luta greco-romana e também no Judô (a técnica da Roda de Ombros). Suponhamos que o oponente o agarre ou estenda o braço direito para atingir você. Se você for capaz de segurá-lo pelo pulso ou pela manga da camisa, abaixe-se sob o braço que está segurando, como na Figura 119, e lance o seu outro braço entre as pernas dele, puxando-o na sua direção, como na Figura 120. Virando o corpo para o outro lado, ponha-o sobre os ombros e desequilibre-o para a esquerda ou jogue-o de costas à sua frente: Figuras 121 e 122. É claro que a mesma técnica pode ser usada simplesmente como uma aparada e um golpe: Figura 123.

Nas Mudanças da Palma há uma técnica da Serpente na qual você vira para trás a fim de encarar um atacante. Este lhe dá um soco por trás, no lado direito: Figura 124. Você se vira, levantando o braço direito flexionado, e apara o golpe: Figura 125. Então, com o mesmo braço que aparou o golpe, aplica um ataque cortante: Figura 126. A isso pode seguir-se um golpe com o outro braço ou um chute.

Esses poucos exemplos devem ser suficientes para evidenciar que o Ba-guá é uma arte marcial prática. Se você decidir treinar estas aplicações, comece usando ataques muito leves. Dê ao parceiro bastante tempo para defender-se e contra-atacar; e, acima de tudo, concentre-se em executar as técnicas do Ba-guá com a máxima correção. No começo, aparar o golpe ou agarrar o adversário não são as coisas mais importantes. É por isso que os ataques, nesse estágio, devem ser infligidos quase sem força. Então, ninguém vai se machucar. Se ninguém vai se machucar, o defensor não tem nenhum motivo para sentir-se tenso, com medo de machucar-se. Pode praticar quase como se estivesse treinando sozinho. As técnicas serão, nesse caso, mais precisas. Quando estiverem suficientemente precisas, os ataques poderão ser mais vigorosos e realistas. Há quem diga que os ataques sempre devem ser duros, para que o defensor aprenda à base de bordoadas. Essa teoria não é inteiramente destituída de razão, mas eu não a recomendo: ela se aplica mais propriamente ao treinamento de defesa pessoal puro e simples.

Figura 118: Leão Segurando a Bola

Figura 119: Começando a usar o Leão

Figura 120: Uso da Mudança da Palma do Leão (i)

Figura 121: Uso da Mudança da Palma do Leão (ii)

Figura 122: Uso da Mudança da Palma do Leão (iii)

Figura 123: Palma de Leão para aparar e golpear

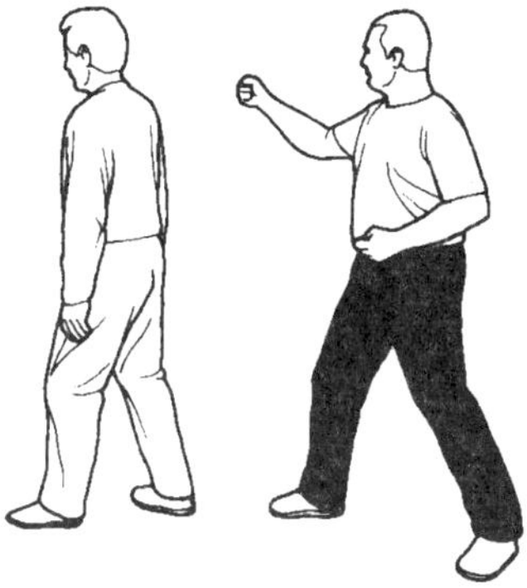

Figura 124: Uso da técnica da Serpente (i)

Figura 125: Uso da técnica da Serpente (ii)

Figura 126: Uso da técnica da Serpente (iii)

Se você não estiver familiarizado em absoluto com o treinamento das artes marciais, eis algumas dicas que poderão ser úteis para minimizar o risco de ferimentos e tornar a sua prática mais eficaz.

1) Quando você se movimenta, é o corpo inteiro que se movimenta. Ao aparar um golpe, não se limite a levantar o braço. É um movimento fraco. Além disso, seu braço pode ficar muito mais machucado dessa maneira do que se você movimentar o corpo inteiro.
2) Se o exercício de treinamento tiver por objeto um único golpe, não pare rigidamente ao terminar o golpe. Além disso, não saia da postura de luta nem deixe os braços cair ao lado do corpo antes de tentar de novo. Esses dois costumes dão origem a maus hábitos! Sem-

pre prolongue o movimento principal com alguns movimentos, como se a técnica em foco fizesse parte de toda cadeia de técnicas.

3) Sempre que possível, abarque com o olhar todo o corpo do parceiro, e não somente o braço ou a perna que ele lança em sua direção. Se não fizer isso, não conseguirá ver o que os outros membros dele estão fazendo.
4) *Movimente-se como um dragão!*

Conclusão

A esta altura, você já deve ter percebido bem quais são os elementos que compõem o mundo do Ba-guá. É claro que cada aspecto apresentado neste livro pode ser desenvolvido; podem-se descobrir mais exemplos e mais detalhes. Os diversos mestres sublinham diferentes facetas e estilos da arte, cada qual segundo os seus antecedentes e as suas opções. Mas, como é evidente, nada disso anula os fundamentos que lançamos. As oito Mudanças da Palma são básicas e, como tais, são mais importantes do que tudo o que vem em seguida. A primeira Mudança da Palma é o fundamento das outras sete e, como tal, é mais importante do que tudo o que vem em seguida.

Lembre-se de que os círculos e as rotações são as coisas principais. Os pés movimentam-se em círculos ou em arcos de círculos. O corpo e os braços descrevem círculos nas três dimensões, transformando os movimentos em espirais. Quando essas diversas espirais e círculos se fundem, o corpo funciona como uma máquina bem azeitada – até melhor, pois pode contar com aquele toquezinho humano de graciosidade, de matização dinâmica. Se for essa a intenção do praticante, as mesmas ações podem ser penetradas por um espírito marcial.

Você, seu ego, não pode dominar o círculo ou a espiral. Na melhor das hipóteses, pode ser dominado por eles, ou melhor, pode submeter-se a eles. Eles podem ensinar-lhe, se você deixar. Por isso, em primeiro lugar vem o movimento correto. A repetição de um movimento, realizada em vista da circularidade e do bom uso das articulações, pode aos poucos penetrar o seu corpo e a sua atitude de modo que ambos mudam e ficam "felizes". A velocidade não é uma consideração primária. Ela nasce do movimento correto. Aliás, é o movimento correto que no fim gera a velocidade, por meio da fluidez: a velocidade simplesmente aparece. Nas palavras de um famoso mestre de Judô, a maestria não é consciente de si mesma – no sentido costumeiro dessa expressão. É impossível ter domínio sobre a técnica do Ba-guá, ou do Judô, ou do Aikidô. Você aos poucos vai se unificando com ela. Por isso, é preciso partir da correção dos movimentos.

Se você chegasse ao nível de unir-se com os conceitos do Ba-guá, num certo momento você poderia naturalmente preenchê-los com a sua verdadeira subjetividade, com suas qualidades essenciais Pré-Natais e Pós-Natais. Mas temos de convir em que essa é uma possibilidade remota; é mais uma inspiração para o futuro do que uma possibilidade imediata.

A aplicação dos *Kua*, dos trigramas, e de suas combinações de Yin e Yang aos movimentos e atitudes do corpo pode ajudar. As tentativas de aplicação que fazemos estimulam o interesse. A análise do movimento quanto ao Yin e ao Yang e a aplicação dessa análise a três níveis – as pernas, a parte inferior do tronco e o conjunto formado pela parte superior do tronco, os ombros e a cabeça – pode fazer com que a sua atenção se concentre no que o corpo está fazendo e nas tensões e distensões envolvidas. A re-união dessas análises numa tentativa de síntese continua a aumentar o interesse. O movimento fluente que resulta disso funde essas tentativas numa seqüência contínua, que só uma atenção bem desenvolvida é capaz de acompanhar.

O hábito de se movimentar lentamente e dar ênfase ao aspecto meditativo intrínseco do Ba-guá pode abrir as portas de um mundo mais profundo, um mundo de relaxamento e respiração natural, gerando uma quietude que será apreciada por todos. A concentração no espírito de cada animal, na medida do possível, e a tentativa de fazer com que os movimentos sejam penetrados por esse espírito, podem evidenciar para nós novos campos de sentimento, antes desconhecidos. Para que isso dê certo, precisamos ter respeito – não um respeito temeroso, mas o respeito reverencial simples que, hoje em dia, um número cada vez maior de pessoas tem pelo mundo natural. Esse ato, considerado em si, já é um exercício – pensar sobre o planeta, as florestas tropicais, o meio ambiente, e depois fazer alguns movimentos que expressem esses pensamentos e os sentimentos que eles evocam.

As pesquisas ocidentais, como as da Terapia Craniossacral, podem aumentar o conhecimento que temos do que está acontecendo no corpo e, em certa medida, podem aumentar a nossa consciência ou capacidade de interpretação das sensações. A observação de dançarinos ou artistas marciais de outros estilos pode também revelar ou refletir certas coisas que, por nós mesmos, talvez jamais viéssemos a descobrir.

No Ocidente Moderno, foi só há pouco tempo que começamos a ser capazes de "pensar" de uma maneira que é comum na China há muitos séculos. Lá, os homens observavam as mudanças fundamentais e evidentes da vida e atribuíram-lhes, ao menos em parte, a importância que merecem. Se pudéssemos, por exemplo, conversar com uma árvore e perguntar-lhe "qual é a natureza da água", ela nos responderia: "A natureza da água é a de proporcionar alimento e vida." Como, ao contrário de nós, ela não tem cérebro, só poderia pôr em palavras a experiência direta que tem na água. Não haveria nenhuma teoria. Ao contrário de nós, seres humanos, a árvore não tem uma barreira psicológica entre ela mesma e o restante do universo. Sua experiência é direta.

Parece que, numa época remota, também os seres humanos tiveram um contato mais direto com a terra e, provavelmente, com os processos da sua própria vida. O Ba-guá pode ser um meio para a reconstituição desse contato, que começa com o fazer contato consigo mesmo. Essa tomada de contato também deve ser a finalidade principal da meditação. Por isso, se você estiver disposto a continuar estudando o Ba-guá e a procurar um professor, sugiro que você siga certas diretrizes.

Procure um meio de aprofundar a consciência durante o estudo. Em segundo lugar, procure desenvolver um sentimento de respeito pelas coisas que está fazendo e cultive um certo sentimento que só posso chamar de "felicidade". No contexto da sala de aula, isso nem sempre é fácil. Pode ser que o professor insista em algo que ele mesmo considera importante, e você terá de aceitar. Pode ser que esse ponto não seja compatível com as coisas que você quer, mas não pode exigir que a aula mude segundo os nossos gostos. Ainda não se encontram professores de Ba-guá em toda esquina; por isso, aproveite ao máximo o que você encontrar e use-o para aproximar-se do seu próprio objetivo. Como quer que um determinado aluno ou professor modifique o Ba-guá, a base da arte, o *I Ching*, é sólida e comprovada. O princípio do Yin-Yang é sólido e comprovado. Por isso, na aula, o que talvez lhe reste fazer seja separar o joio do trigo.

Não se impressione em demasia se o professor tiver um amplo conhecimento das Formas. Ele pode até conhecer informações e muitos movimentos do Ba-guá, mas os movimentos não são nada mais nem nada menos do que expressões de um princípio e de uma idéia. Os círculos e espirais estão em toda parte. Mas será que você é capaz de executar pelo menos uma Mudança da Palma e nela expressar essas figuras perfeitamente, ou quase? Se você não for capaz disso e não procurar estudar o assunto, o conhecimento de um grande número de movimentos poderá servir somente para levá-lo a um beco sem saída.

Mesmo que você não se sinta atraído pelo aspecto marcial do Ba-guá, não deixe de experimentar pô-lo em prática. O ato de ter de defender-se, mesmo no contexto da sala de aula, exige de você algo que nada mais pode lhe dar. Você *tem* de concentrar-se, *tem* de coerir o movimento, *tem* de estar alerta, movimentar-se e defender-se: é uma necessidade imediata. Ao mesmo tempo, isso não exige tensão, nem medo, nem nada de negativo. O ato de defender-se pode ser uma ação pura, simples, decisiva, que talvez lhe deixe com alguns hematomas, mas não o deixará com remorsos. Nada como a luta para coerir o corpo inteiro numa unidade.

O equipamento mais importante para a prática do Ba-guá são os sapatos. Obtenha um calçado de sola fina com a gáspea bem justa. O pé não deve "dançar" dentro do calçado. O solado inteiro deve tocar o chão quando você baixar o pé. Não use um calçado cuja ponta não toque o chão. Os tênis são muito grossos e incômodos. A gáspea nunca deve tolher os movimentos dos tornozelos. Quanto ao restante, um abrigo de corrida ou uma roupa folgada serão suficientes. Não é necessário comprar um traje de Kung Fu.

Se for possível, encontre pelo menos uma alma amiga com quem você possa conversar e experimentar os movimentos. Peça a esse parceiro que o observe e lhe diga o que acha da sua atuação. É difícil lançar um olhar imparcial sobre o que nós mesmos estamos fazendo. Se você tiver como obter uma câmera de vídeo, grave os seus movimentos em fita. Na primeira vez que vi em videoteipe os meus próprios movimentos, tomei um susto. Havia certos aspectos deles de que eu não tinha, até então, uma consciência clara, e quando vi essas coisas postas a nu na tela da TV, aprendi muito sobre mim mesmo.

O Ba-guá ainda está na primeira infância no Ocidente, especialmente na Europa. Mesmo assim, é um bebê saudável. À medida que ele for crescendo e se disseminando, é provável que certas coisas aconteçam. Esta previsão se baseia no que aconteceu com o Judô, depois com o karatê, depois ainda com o Kung Fu, e mais recentemente com o Tai Chi Chuan: o Ba-guá vai tornar-se mais comercial; organizar-se-ão campeonatos; surgirão professores dos mais diversos níveis de conhecimento e habilidade; ele será diluído e, além dos que o ensinarem corretamente, haverá os que vão ensiná-lo erroneamente, de modo que serão introduzidos na arte certos movimentos que atualmente nada têm a ver com ela; em certos casos, há de afastar-se tanto do verdadeiro caminho do Ba-guá que, mesmo que o próprio Tung Hai Ch'uan se levantasse da tumba, não haveria de reconhecer a própria criação. Alguns alunos vão aprender o verdadeiro Ba-guá e vão refinar suas habilidades a um alto grau; continuarão existindo bolsões de pessoas dedicadas. Com o tempo, o Ba-guá terá se transformado, em sua maior parte, numa arte marcial chinesa ocidentalizada. Nada se pode fazer a respeito disso; ninguém pode conter as marés da mudança. Cabe a cada indivíduo a tarefa de procurar assimilar os elementos fundamentais e mantê-los vivos.

Um último conselho acerca do sincretismo. Quando se observa uma semelhança entre, digamos, um movimento do Tai Chi e um movimento do Ba-guá, é grande a tentação de procurar fundi-los. Não há nada de errado nisso, desde que você não se esqueça dos movimentos originais. Tome notas e faça desenhos e diagramas que possam servir como um registro do que você fazia no passado. À medida que você for mudando e os seus movimentos do Ba-guá forem mudando também, você há de ir reduzindo os movimentos e esquecendo-se do que já fez. Se não tomar notas, há de perceber, certo dia, que por mais que se esforce, não é mais capaz de executar um certo conjunto de movimentos da maneira que eles lhe foram ensinados originalmente. Essa forma original, essa Forma número um, talvez seja menos hábil e menos sofisticada do que a forma atual; mas é possível que ela contenha um elemento essencial no qual você não reparou na época – um elemento do qual você pode estar precisando agora.

Apêndice

Movimentos Completos das Oito Mudanças da Palma

PRIMEIRA MUDANÇA

SEGUNDA MUDANÇA

Caminhando no sentido anti-horário, repita os quatro primeiros movimentos da Primeira Mudança. Execute então os movimentos seguintes.

Por fim, repita os quatro últimos movimentos da Primeira Mudança.

TERCEIRA MUDANÇA

Caminhando no sentido horário, repita o primeiro movimento da Primeira Mudança. Execute os movimentos seguintes.

Por fim, dê um passo na linha do círculo no sentido horário, com a mão direita no alto.

QUARTA MUDANÇA

Caminhando no sentido horário, repita o primeiro movimento da Primeira Mudança. Execute os movimentos seguintes.

Por fim, repita os quatro últimos movimentos da Primeira Mudança.

QUINTA MUDANÇA

Repita os dois primeiros movimentos da Primeira Mudança. Execute então os movimentos seguintes.

SEXTA MUDANÇA

SÉTIMA MUDANÇA

Caminhando no sentido horário, repita o primeiro movimento da Primeira Mudança. Execute então os movimentos seguintes.

OITAVA MUDANÇA

Caminhando no sentido horário, repita o primeiro movimento da Primeira Mudança. Execute então os movimentos seguintes.

Por fim, repita os quatro últimos movimentos da Primeira Mudança.

Glossário

Animais - os oito animais cujos movimentos são usados no Ba-guá como modelos básicos: serpente, dragão, leão, falcão, urso, fênix, unicórnio e macaco.

Chi - a energia vital, a vitalidade, a energia natural e intrínseca que circula no corpo (*Qi*).

Ching - a energia *chi* convertida numa energia de operação externa. É o *chi* concentrado e usado externamente.

Cinco Elementos - as cinco fases fundamentais pelas quais passam todos os fenômenos: metal, madeira, fogo, terra, água.

Circulação Maior - um caminho percorrido pelo *chi* dentro do corpo humano, que serve como suporte de concentração para certos métodos de meditação. Chamada às vezes de Circulação Celestial Maior.

Circulação Menor um caminho percorrido pelo *chi* dentro do corpo humano, que serve como suporte de concentração para certos métodos de meditação. Chamada às vezes de Circulação Celestial Menor.

Endorfina – a "morfina interior": substâncias analgésicas que são produzidas naturalmente no corpo.

Feng Shui – a geomancia chinesa, usada para compreendermos as relações energéticas entre todos os tipos de objetos e fenômenos naturais e os efeitos dessas coisas sobre os seres humanos.

Forma – nas artes marciais, uma seqüência de movimentos estabelecida por um determinado estilo ou escola. As Oito Mudanças da Palma são uma Forma; cada Mudança em si também é uma Forma, na medida em que contém uma seqüência de movimentos.

Giro ou Rotação – o ato de girar sobre um pé ou sobre os dois pés sem romper o contato com o chão.

Hara – o equivalente japonês do *tantien* chinês: um ponto do baixo abdômen que corresponde ao centro da gravidade do corpo. É também um dos pontos onde o *chi* (*Qi*) se acumula.

Hsing-I – uma forma de luta chinesa, ou seja, de Kung Fu – "Boxe do Corpo e da Mente".

I Ching – O Livro das Mutações: um livro usado como base de uma arte divinatória estruturada nos trigramas combinados em hexagramas, ou diagramas de seis linhas.

Impulso – a força e a velocidade de um objeto em movimento.

Inércia – a tendência que um corpo tem de permanecer onde está ou de continuar movendo-se na direção em que já está se movendo.

K'aiho – princípio de "expansão e contração".

Líquido cérebro-espinhal: o líquido que banha o cérebro e a medula espinhal. Sua pressão sobe e desce num ritmo ondulatório; leva nutrientes e elimina os resíduos.

Oito Mudanças da Palma – os movimentos ou mudanças fundamentais usados no Ba-guá.

Passo em T – posição dos pés na qual o calcanhar de um pé fica voltado em ângulo reto para o lado de dentro do outro pé.

Passo em V – posição dos pés na qual as pontas dos dois pés se aproximam, formando um V.

Qi – ver *Chi.*

Shaolin – o nome de um templo chinês ("Pequena Floresta") no qual se diz terem-se originado muitas artes marciais.

Shen – energia espiritual: a energia mais elevada presente no ser humano.

Tai Chi Chuan – um sistema de exercícios lentos e meditativos.

Tao Te Ching – o livro fundamental do taoísmo, atribuído ao sábio Lao-tzu.

Taoísmo – uma das grandes escolas religiosas e filosóficas da China: um dos seus aspectos mais importantes é a naturalidade, a sintonia com a natureza e com a lei universal.

Trigrama – três linhas contínuas ou interrompidas em diversas combinações. A linha inteira significa o Yang e a interrompida, o Yin.

Tung Hai Ch'uan – o fundador do Ba-guá.

Yang – o aspecto masculino, duro e positivo de qualquer fenômeno. Um movimento mais duro.

Yin – o aspecto feminino, suave e negativo de qualquer fenômeno. Um movimento mais suave.

Yin-che – eremitas taoístas: "aqueles que se apagam".

Bibliografia

Blackmer, Joan Dexter. *Acrobats of the Gods*. Inner City Books, Nova York, 1989.

Cohen, Don. *An Introduction to Craniosacral Therapy*. North Atlantic, Califórnia, 1995.

Crandall, Joseph. *Classical Pakua Translations*. Smiling Tiger, Califórnia.

Crompton, Paul. *Five Steps*. PHC Ltd., Londres e Nova York, 1996.

Fung Yu-Lan. *A Short History of Chinese Philosophy*. Macmillan, Londres, 1948.

Goldberg, Jeff. *Anatomy of a Scientific Discovery: A Study of Endorphins*. Bantam, Londres, 1988.

Li Zi Ming. *Liang Zheng Pu Eight Diagram Palm*. High View Publications, Califórnia, 1993.

Liang Shou-Yu, Yang Jwing-Ming & Wu Chen-Ching. *Baguazhang*. YMAA, Boston, 1994.

Olson, Stuart Alve. *Intrinsic Energies of Tai Chi Chuan*. Dragon Door Publications, Minnesota, 1994.

Park Bok Nam. *Fundamentals of Pa Kua Chang*, vols. 1 e 2. High View Publications, Califórnia, 1993 e 1996.

Smith, Robert, e Pittman, Allen. *Pakua – Eight Trigram Boxing*. Tuttle, Vermont, 1990.

Wilhelm, Richard (trad.). *I Ching – The Book of Changes*. Routledge, Londres, 1951. [*I Ching – O Livro das Mutações*, publicado pela Editora Pensamento, São Paulo, 1983].